Franz-Josef Rinsche

Das Kainsmal der Deutschen
Für immer gebrandmarkt?

Gegenwart und Zeitgeschichte
Band 12

SINUS

Franz-Josef Rinsche

Das Kainsmal der Deutschen

Für immer gebrandmarkt?

SINUS

CIP-Kurztitelaufnahme der Deutschen Bibliothek

Rinsche, Franz-Josef: Das Kainsmal der Deutschen:
für immer gebrandmarkt? / Franz-Josef Rinsche
Krefeld: SINUS-Verlag, 1988.
(Gegenwart und Zeitgeschichte; Band 12)
ISBN 3-88289-021-5
NE: GT

Lektorat: Helmut Mertens
Umschlaggestaltung: vennekel, gutt., Krefeld
Satz und Druck: Stammes KG, Tönisvorst
Printed in Germany
ISBN 3-88289-021-5

Inhaltsverzeichnis

Abkürzungen

BDM	=	Bund Deutscher Mädel (weibliche Jugendorganisation des Nationalsozialismus)
Gestapo	=	Geheime Staatspolizei
HJ	=	Hitlerjugend
KZ	=	Konzentrationslager
NS	=	Nationalsozialismus
NSDAP	=	Nationalsozialistische Deutsche Arbeiterpartei (die Partei Hitlers)
SA	=	Sturmabteilung (Kampftruppe der NSDAP)
SS	=	Schutzstaffel (halbmilitärischer Kampfverband der NSDAP, später Hauptträger des Terrors des Nationalsozialismus)

Vorwort

Mit dem 40. Jahrestag der deutschen Kapitulation von 1945 wurde im In- und Ausland eine Diskussion neu belebt, welche man hierzulande zumindest in dieser Heftigkeit nicht erwartet hatte. Die Frage einer deutschen Kollektivschuld erschien längst beantwortet, und zwar im Sinne einer eindeutigen Verneinung. Umgekehrt wurde allgemein die Formel von der gebotenen Kollektivscham akzeptiert, die alle Deutschen wegen der in ihrem Namen begangenen Verbrechen des Nationalsozialismus erfassen mußte.

Gleichsam wie ein Paukenschlag erklang dann im Frühjahr 1985 die ausländische Reaktion auf die Ehrung gefallener deutscher Soldaten durch US-Präsident Reagan sowie Bundeskanzler Kohl auf dem Friedhof in Bitburg. Mit Fassungslosigkeit nahmen die Deutschen zur Kenntnis, daß man sie im vermeintlich befreundeten Ausland als verachtenswerte Parias anzusehen schien, die auf ewig an einer nicht lösbaren Schuld zu tragen haben. Vergessen erschienen 40 Jahre einer demokratischen und rechtsstaatlichen Entwicklung, während der man in vorbildlicher Weise verständnisvoll und opferbereit daran gearbeitet hatte, die Freundschaft und Aussöhnung mit allen Völkern, insbesondere mit den westlichen Demokratien zu stärken. Übrig blieben — jedenfalls dem Anschein nach — nur Animositäten und die Erinnerung an die vor mehr als 4 Jahrzehnten von Deutschen verübten Verbrechen.

Die Frage nach dem Ausmaß der deutschen Schuld war nicht nur Gegenstand einer allgemeinen politischen Diskussion, sondern sie beschäftige auch Wissenschaftler unterschiedlicher Fachrichtungen. Nachdem Theologen und Philosophen — unter letzteren vor allem Karl Jaspers — schon lange die Schuldfrage unter den verschiedensten Aspekten erörtert hatten, entbrannte im Jahre 1986 der sogenannte Historikerstreit über die Frage der geschichtlichen Einzigartigkeit nationalsozialistischer Verbrechen.

Auch der einfache Bürger wurde mit den vorstehenden Themen häufig konfrontiert. So hieß es in einem in der FAZ veröffentlichten Leserbrief aus der Schweiz, daß alle Deutschen auf immer das Kainsmal ihrer Schuld zu tragen hätten. Als weiteres Beispiel führe ich hier das Erlebnis einer — erst nach der Hitlerzeit geborenen — Verwandten an, die von einer gebildeten Inderin gefragt wurde, wie sie als Deutsche „mit dieser Schuld" überhaupt leben könne. Dem bayerischen Ministerpräsidenten F.-J. Strauß wurde gar verübelt, daß er seine Landsleute zum aufrechten Gang aufforderte.

Der nachfolgende Beitrag soll zu der anhaltenden Diskussion einige Gedanken beitragen. Ich maße mir nicht an, über den Streit der Historiker, Philosophen, Theologen und Politiker zu richten. Hier geht es nicht um professorale Darlegungen im Rahmen einer wissenschaftlichen Auseinandersetzung, sondern um die Meinungsäußerung eines Laien gegenüber Laien, die gleichermaßen mit der jüngsten deutschen Vergangenheit konfrontiert worden sind. Eine klare Stellungnahme — vielleicht nicht unparteiisch — soll aber nicht vermieden werden.

Eigene Erinnerungen — ich habe den zweiten Weltkrieg als Kind bewußt miterlebt — sowie die aus vielen Gesprächen gewonnenen Erkenntnisse sind mitaufgeführt. Diese können naturgemäß nur einen subjektiven Eindruck von einem winzigen Teil des gesamten Geschehens vermitteln.

Andererseits schreibe ich nicht aus der Position eines Angeklagten, der Anlaß hätte, sich persönlich rechtfertigen zu müssen. Ich kann nämlich nicht nur die „Gnade der späten Geburt" in Anspruch nehmen, sondern auch auf ein Elternhaus verweisen, in welchem von Anfang an eine entschiedene Gegnerschaft zum Nationalsozialismus herrschte.

Wer ein heißes Eisen anfaßt, läuft Gefahr, sich zu verbrennen. Es ist mir bewußt, daß mancher Leser zu der von mir vertretenen Meinung einen abweichenden Standpunkt einnehmen und sich darüber hinaus vielleicht sogar provoziert fühlen wird. Die Diskussion kontroverser Auffassungen gehört aber zur lebendigen Demokratie und kann im Ergebnis für ein menschliches Miteinander nur von Nutzen sein.

Hamm, im März 1988

1. Das Ausmaß nationalsozialistischer Verbrechen

In Diskussionen über die Hitlerzeit wird vielfach gefragt, ob die Untaten des deutschen Nationalsozialismus wirklich so schlimm und einzigartig in der Weltgeschichte gewesen seien.

Tatsächlich hat es wohl niemals schrecklichere und schändlichere Verbrechen gegeben als die, welche unter der Diktatur Hitlers verübt worden sind. Die menschliche Sprache ist nicht in der Lage, das Grauen zu beschreiben, das während der Hitlerzeit in den Konzentrationslagern und Vernichtungslagern herrschte. Wie furchtbar jedes Einzelschicksal der Opfer des Nationalsozialismus war, kann man vielleicht erahnen, wenn man mit ehemaligen KZ-Insassen gesprochen hat. Nicht nur die große Zahl der Ermordeten und Opfer, sondern vor allem auch die Unmenschlichkeit und Erbarmungslosigkeit, mit welcher diese Verbrechen von den Tätern verübt wurden, belasten diesen Abschnitt deutscher Geschichte. Die Bilder und Filme von den Zuständen in den Vernichtungslagern, desgleichen aber auch die Schilderungen und Zeichnungen von KZ-Häftlingen, lassen keinen Zweifel bestehen.

Gemordet wurde nicht nur in den Vernichtungslagern, sondern auch in Zuchthäusern, sogenannten Irrenanstalten sowie in den eroberten Gebieten. In Lidice und Oradour wurden jeweils die Einwohner einer gesamten Stadt erbarmungslos liquidiert, und zwar auf Befehl der deutschen Führung. Ausführende waren SS-Truppen. Verheerend groß war die Zahl der sowjetischen Opfer. In den vielen besetzten russischen Dörfern standen Galgen mit hingerichteten Geiseln, zumeist Zivilpersonen.

Neben den eigentlichen Morden ist von einer Unzahl sonstiger Verbrechen und Unmenschlichkeiten zu berichten, insbesondere unbarmherzigen Folterungen, die teils zur Erpressung von Geständnissen, teils aus sadistischer Niedertracht vorgenommen wurden.

Nur beispielhaft sei auch an deutsche Mädchen erinnert, welche es wagten, einen Polen oder Juden zum Freund zu haben und die deswegen von brutalen SA-Leuten mit geschorenem Haar öffentlich zur Schau gestellt und angeprangert wurden, wobei man ihnen Schilder mit schändlichen Texten um den Hals hängte.

Es ist müßig, darüber zu streiten, ob in den Vernichtungslagern 6 Millionen oder „nur" 4 Millionen Juden ermordet worden sind oder ob die Sowjetunion 20 Millionen oder „nur" 8 Millionen Kriegstote zu beklagen hatte.

Auch der sogenannte Historikerstreit über die Frage der Singularität der NS-Verbrechen tangiert in keiner Weise die Tatsache, daß die im Namen der Deutschen und zumeist von Deutschen begangenen Verbrechen nach Zahl und Abscheulichkeit dermaßen unvorstellbar und grausam waren, daß nur Trauer und Scham als Reaktion auf diese unselige Zeit deutscher Geschichte geboten sind.

2. Die Aufzeichnungen des Journalisten Dr. Bernhard Birk

Die Massenmorde der Nationalsozialisten begannen etwa Ende 1941. Aber auch zuvor wütete man in unvorstellbarer Weise. Abstrakte Schilderungen dazu vermögen die Realität nur unvollkommen wiederzugeben. Mir liegen die persönlichen Aufzeichnungen des ehemaligen KZ-Häftlings Dr. Bernhard Birk vor, der mir als späterer Ehemann einer Cousine bekannt ist. Dr. Birk, der in Deutschland geboren wurde, erlebte den Beginn der Hitlerzeit in Österreich. Sein „Verbrechen" bestand darin, daß er als Schriftsteller und Chefredakteur einer Wiener Zeitung ständig vor den Nationalsozialisten gewarnt hatte. Als Hitler dann im März 1938 in Österreich einrückte, wurde Dr. Birk zusammen mit anderen Journalisten und Politikern inhaftiert und in das Konzentrationslager Dachau eingeliefert. Aus seinen Aufzeichnungen sei wie folgt zitiert:

> *„Die Fahrt nach Dachau:*
> Am Fronleichnamsfest 1938, nach zweimonatiger Polizeihaft in Wien, die noch halbwegs erträglich war, begann mit der Fahrt nach Dachau ein 3jähriges Martyrium, das ich nicht für möglich gehalten hätte. Bei glühender Hitze wurden wir in die Schnellzugwaggons geprügelt . . .
> Die Hände mußten wir während der ganzen Fahrt von etwa 12 Stunden auf die Knie legen. Stundenlang mußten wir in das elektrische Licht starren, ohne die Augen schließen zu dürfen. Vor jedem Abteil stand ein

SS-Mann. Polterte der mit der Stiefelspitze gegen die Tür, so mußten wir alle den Kopf zwischen die Beine stecken. Polterte er wieder dagegen, so mußte der Kopf hochfahren. Auch diese Prozedur ging stundenlang. Austreten war fast ausgeschlossen. Wer seine Notdurft verrichten mußte, kam blutig geschlagen in das Abteil zurück. Auch einzeln wurden wir geplagt, geohrfeigt, gewürgt, an den Haaren gezogen, mit Stiefeln getreten, gehöhnt, aufgefordert, zum Fenster hinauszuspringen . . .

Erste Eindrücke: Wir glaubten, wir seien gestorben und den Teufeln in der Hölle zum Quälen übergeben worden . . .

Erste Arbeiten: Sommer 1938. Zuerst wurden wir in die Kiesgrube geworfen, das heißt wir mußten täglich, etwa 1 000 Mann, 12 Stunden lang Kies fördern, bis über die Knie im Wasser stehend. Das dauerte 6-8 Wochen. Alle Arbeit geschah ohne Kopfbedeckung, da einer der Neuen den Lagerkommandanten nicht gegrüßt hatte, da er ihn nicht kannte . . .

Das Schlimmste kam noch. Es war das Schubkarrenfahren bei Bau- und Planierarbeiten. Innerhalb von 3-5 Tagen konnte so der stärkste Mann vom Leben zum Tode befördert werden, ohne ihn auch nur anzurühren. Ich mußte einmal 3 Tage lang Schubkarren fahren. Meine Hände und Füße waren eine einzige Wunde. Nur durch meine Energie und durch mein Gottvertrauen habe ich diese Marter ausgehalten."

Dr. Birk schildert ferner seine Peiniger und ihre sadistischen Quälereien. Einer von ihnen spazierte sogar stolz mit seinem kleinen Söhnchen und seinem Hund durch das Lager, wobei der Hund — vor den Augen der hungrigen Häftlinge — jeden Tag mit Milch gefüttert wurde. Fast noch schlimmer als die Schergen der SS waren bestimmte Häftlinge, die als Kriminelle ins KZ gekommen waren und hier von der Wachmannschaft zu bestimmten Zwecken eingesetzt wurden, insbesondere bei Strafaktionen. Dazu schildert Dr. Birk:

> „*Der Bunker:* Was ist das? Das war die Einzelhaftanstalt, bestehend aus etwa 100 Einzelzellen. Dort war im Winter Dampfheizung. Der Wärter war ein Mörder, der von einer Regierung vor Hitler zum Tode verurteilt worden war. Nach seinem Vornamen wurde er der Bunkerbernhard genannt. Er hatte eiskalte graue Augen und sah aus wie ein Asket des Teufels. Sein Gehilfe und Gefährte war ein riesiger schwarzer Neufundländer, den wir den ‚Hund von Baskerville' tauften. Dieser Hund war so abgerichtet, daß er die an den Baum gehängten Häftlinge verbellte und an den Beinen schaukelte, zur Erhöhung ihrer Qualen. Im Bunker spielte sich manche Todesnot und manche gräßliche Tragödie ab . . .
> Auch Erschießungen wurden dort vollzogen, namentlich von renitenten SS-Leuten."

Wie sich aus dem letzten Satz des Zitats ergibt, wurden zum Teil auch SS-Leute erschossen, die sich den Befehlen widersetzten. Tatsächlich gab es unter den zumeist brutalen und primitiven Aufsehern auch einige wenige, die sich menschlich verhielten. In den Aufzeichnungen Dr. Birks heißt es dazu:

> „Bei manchen Unterführern der SS hatte ich den Eindruck, daß sie nur mit größtem Widerwillen ihren Bütteldienst versehen haben. Sie folgten einem unerbittlichen System, dem sie genauso verfallen waren wie die Häftlinge selber. Die meisten der Genannten dürften im weiteren Verlauf des Kriegs gefallen sein.

Fast alle wurden durch ältere Leute, die zwangsweise aus dem Kyffhäuserbund zur SS rekrutiert waren, ersetzt. Die alten Posten waren im allgemeinen anständig."

Umgekehrt läßt die folgende Schilderung Dr. Birks erkennen, zu welch infamen Unmenschlichkeiten fanatische SS-Angehörige fähig waren.

„In ewiger Erinnerung wird mir mein Dachauer Leidensgefährte Prof. Dr. M . . . sein, den der eigene Sohn ins KZ brachte, weil er, der Vater, nur Deutschnationaler und nicht Nazi war. Der junge M . . . war SS-Mann und hat seinen alten 60jährigen Vater ans Messer geliefert. Der alte Herr starb nach dreitägigen fürchterlichen Martern beim Schubkarrenfahren."

Wenn Dr. Birk geglaubt hatte, im KZ Dachau das Schlimmste erlebt zu haben, so mußte er eine noch fürchterlichere Hölle im Lager Flossenbürg (Oberpfalz) erleben, wo er von September 1939 bis März 1940 war. In diesem Lager waren viele sogenannte „Grüne", das heißt Schwerkriminelle untergebracht. Dr. Birk schreibt über diese Zeit:

„Nach 14 Tagen hatten wir nur noch einen Wunsch: zurück nach Dachau. Daß wir da durchgehalten haben, ist ein besonderes Geschenk des lieben Gottes. Hauptsturmführer A . . . war ein versoffenes, überaus grobes Subjekt, eine wahre Ausgeburt der Hölle. Er steckte immer in einem langen, pelzgefütterten Ledermantel, brüllte den ganzen Tag herum, trat die Häftlinge in den Bauch und in das Gesäß, namentlich die, die sich morgens krank meldeten. Er schlug den sich krank Meldenden Ohrfeigen herunter, daß sie umfielen. Dann trat er sie, bis sie vor Schmerzen aufstanden.

Dann sagte er höhnisch: So, du Simulant, marsch in den Steinbruch . . .
2 000 Grüne waren darinnen. Die meisten waren schwere Jungen und hatten fast alle mehrere Jahre Zuchthaus oder Gefängnis hinter sich. Wir Politischen waren ihnen ausgeliefert. Auch die dortige SS war gemeiner als die in Dachau. Es waren meist ganz junge Burschen . . .
Wer bei der Arbeit auffiel, das heißt angeblich nicht genug arbeitete, mußte dort ein paar Tage mit einem schweren Stein auf dem Rücken den ganzen Tag während der Arbeitszeit im Kreis herumgehen und zwischendurch sich auch noch im Schlamm wälzen. Täglich gab es da einen Toten, denn jeden Tag rannte in diesem Satanslager ein Mann in den Draht und wurde von den Posten niedergeknallt . . .
Wir schworen einen furchtbaren Schwur: nicht zu sterben, solange Hitler lebt.
Wir magerten ab zum Skelett, aber wir lebten, wir mußten am Leben bleiben, um der Welt Kunde geben zu können . . .
Als wir im März 1940 nach Dachau zurückdurften, da wog keiner von uns mehr als 50 Kilo. Den rauhen SS-Leuten von Dachau standen die Tränen in den Augen, als sie uns wankende Gestalten sahen."

Unter der Überschrift

„Weitere Episoden, die sich mir aufdrängen und die mir immer wieder nachts im Schlafe kommen"

hat Dr. Birk noch eine Reihe besonderer Scheußlichkeiten festgehalten, von denen hier nur zwei wiedergegeben werden sollen:

„1. Der geräderte Jude:

Eines Tages, 1938 im Sommer, wurde ein alter Jude in eine Betonmischmaschine gesteckt, diese elektrisch in Gang gebracht und der alte Jude in der rasenden Trommel herumgewirbelt. Nach ein oder zwei Minuten wurde er halbtot mit Knochen-, Rippen- und Schädelbrüchen geborgen und in die Krankenabteilung geschleppt, wo er nach einigen Stunden durch den Tod erlöst wurde. Das war ein „Scherz und Spaß" der übermütigen SS . . .

. . . .

10. Ermordung des Scharfrichters der Schuschniggregierung:

1938 im Juli wurde Scharfrichter Lang, der unter Schuschnigg unter anderem auch die Hinrichtung der nationalsozialistischen Dollfussmörder durchführen mußte, auf folgende Art zu Tode gequält: Unter Aufsicht von zwei SS-Männern, die ihn immer wieder ohrfeigten und mit Stöcken schlugen und mit Stiefeln traten, mußte Scharfrichter Lang in sehr schnellem Tempo Schubkarren fahren. Zwischendurch wurde er in der Mittagspause eine Stunde an den Baum gehängt oder bekam 25 Stockschläge auf den Hintern. Der überaus starke Mann hielt diese Marter 14 Tage lang aus. Dann starb er unter den Schlägen der immer roher auf ihn eindreschenden SS-Männer. Hätte man zu irgend einem dieser Fälle auch nur die geringste Äußerung getan, dann wäre man auf dieselbe Weise mißhandelt oder getötet worden. Das wurde einem gleich bei Eintritt ins Lager unter den übelsten Drohungen bekanntgegeben."

Wie durch ein Wunder gelang es den ununterbrochenen Bemühungen einiger Verwandter, daß Dr. Birk am 4.1.1941 aus dem Lager entlassen wurde. In dem „Entlassungsschein" heißt es, daß „die Schutzhaft probeweise aufgehoben" werde und der „Schutzgefangene" Bernhard Birk sich jeden dritten Werktag bei der Polizei zu melden habe.

Über die Warnungen bei seiner Entlassung aus dem KZ hat Dr. Birk folgendes festgehalten:

> „Ich mußte 1941 bei der Entlassung unterschreiben, daß ich nie etwas über das Lager aussagen werde, sonst käme ich weitere 3-5 Jahre hinein, und ebenso diejenigen, denen ich etwas gesagt habe."

Tatsächlich hat Dr. Birk seine Erlebnisse bis zum Ende der Hitlerzeit niemanden — mit Ausnahme eines katholischen Geistlichen — berichtet. Er fürchtete zu Recht, daß er mit den leisesten Andeutungen nicht nur sein Leben, sondern auch das seiner Gesprächspartner aufs Spiel setzen werde. Dr. Birk wurde 1942 noch zur Marine eingezogen und blieb bis zum Kriegsende Wehrmachtsangehöriger. In Cuxhaven, wo er stationiert war, lernte er über einen Kameraden dessen Schwester kennen, mit der er sich verlobte und die er unverzüglich nach dem Kriege heiratete. Die über ihm lastenden Drohungen waren so stark, daß er — vor dem Ende der Hitlerzeit — nicht einmal seiner Braut von dem Grauen des Konzentrationslagers zu erzählen wagte. Dr. Birk hat das von ihm angestrebte Ziel, Hitler zu überleben, um Zeugnis geben zu können, erreicht. In der Haft waren aber sein Körper so geschunden und seine Gesundheit so ruiniert worden, daß er wenige Jahre nach Kriegsende starb.

3. Der Wahnsinn des Hitlerismus

Die schlimmsten Verbrechen der Hitlerzeit wurden an Juden begangen. Den anfänglichen Beschimpfungen und Bedrohungen jüdischer Bürger folgten Gewalttaten und sodann immer neue Scheußlichkeiten, bis man schließlich den Völkermord betrieb und alles jüdische Leben in einer „Endlösung" zu vernichten suchte. Der Haß, der sich hier gegen jüdische Menschen auswirkte, entsprach nicht nur einer zutiefst verbrecherischen Gesinnung, sondern auch einem wirklichen Wahnsinn. Daß in einer vermeintlich zivilisierten und kultivierten Gesellschaft völlig schuldlose Menschen nur deswegen verfolgt, gequält und hingemordet wurden, weil sie Angehörige eines bestimmten Volkes beziehungsweise einer bestimmten Rasse waren, ist schlechterdings unfaßbar. Beispielsweise wäre es nicht weniger wahnwitzig gewesen, wenn Hitler alle Brillenträger oder alle Linkshänder in die Vernichtungslager getrieben hätte.

Der Verfolgungs- und Vernichtungswahn dieser Art soll hier als Hitlerismus bezeichnet werden. Mir ist nämlich kein Beispiel aus der Weltgeschichte bekannt, in welchem die Verfolgung einer bestimmten Personengruppe ohne Rücksicht auf die persönliche Schuldlosigkeit des einzelnen in derart großer Zahl und in derartiger Brutalität betrieben worden wäre wie unter der Diktatur Hitlers.

Umgekehrt kennt die Geschichte allerdings eine Vielzahl von Fällen, in denen Verbrechen an bestimmten Gemeinschaften, vor allem an religiösen, rassischen oder nationalen Minderheiten verübt wurden. Häufig geschah dies, nachdem die Täter durch gezielte Beeinflussung fanatisiert und zu einem wahren Amoklauf getrieben worden waren. Erwähnt seien aus jüngster Zeit beispielhaft die Verfolgung von nicht „Strenggläubigen" im Iran sowie die Greueltaten in Schwarzafrika an Angehörigen anderer Stämme.

Manchmal wirkt sich der „Hitlerismus", das heißt also die irrationale Verfolgung und Diskriminierung einer gesellschaftlichen Gruppierung wegen ihres „Andersseins" auch milder aus. Das gilt etwa von Berufsverboten in einigen asiatischen Staaten gegenüber ihren chinesischen Minderheiten oder von der Ausweisung indischer Bürger aus Uganda durch den schwachsinnigen Diktator Idi Amin. Nicht zuletzt kann man auch die Apartheidsgesetze in Südafrika als Hitlerismus bezeichnen.

Als ein Anzeichen von Hitlerismus muß ferner der Versuch gewertet werden, durch Propagandamaßnahmen ein Volk oder eine Nation lächerlich oder verächtlich zu machen. Das geschah während der Zeit der Hitlerdiktatur in vielfacher Weise gegenüber anderen Völkern, insbesondere den Juden. Auch auf alliierter Seite war und ist man in dieser Hinsicht nicht ganz schuldlos.

Nicht nur während des Krieges, sondern auch heute noch werden in den USA und in England zur „Belustigung" Kriegsfilme gezeigt, in denen die Angehörigen der eigenen Armee, zum Teil als Kriegsgefangene, als wahre Vorbilder an Intelligenz, Humor und Tüchtigkeit dargestellt werden, während deutsche Soldaten jeweils nur als stumpfsinnige Verbrecher oder skurrile Schwachköpfe erscheinen.

Schon vor der Zeit des Nationalsozialismus hatte das jüdische Volk am schwersten unter dem Wahnsinn des „Hitlerismus" zu leiden. Es verlohnt kaum, den Ursachen dieser irrationalen Feindseligkeiten im einzelnen nachzugehen. Vielfach fühlten sich vor allem primitive Zeitgenossen dadurch provoziert, daß die jüdischen Minderheiten eine abgeschlossene religiöse Gemeinschaft bildeten und dadurch ihr Anderssein betonen. Aber auch ein mißverstandenes Christentum, welches „den Juden" alle Schuld am „Gottesmord" anzulasten suchte, ist an dieser Entwicklung nicht schuldlos. Erinnert sei beispielhaft an die Geschichte der Kreuzzüge. Nachdem das erste Kreuzritterheer im Juli des Jahres 1099 die Stadt Jerusalem erobert hatte, flüchteten die hier lebenden Juden in ihre Hauptsynagoge. Die Kreuzfahrer setzten das Gebäude in Brand, so daß sämtliche Insassen den Feuertod fanden. Nachdem die Verfechter der christlichen Nächstenliebe schließlich auch noch die gesamte islamische Bevölkerung Jerusalems niedergemetzelt hatten, formierten sie sich zu einem feierlichen Dankgottesdienst in der Grabeskirche. Schon bei ihrem Aufbruch im Frühjahr 1096 hatten sie ihren „Glaubenseifer" unter Beweis gestellt, indem sie tausende von Juden in Speyer, Worms, Mainz, Köln und Metz erschlugen.

Pogrome, das heißt die gewalttätige Hetze gegen eine Bevölkerungsgruppe, hat es also, vor allem gegenüber Juden, schon vielfach gegeben. Der deutsche Nationalsozialismus hat aber den traurigen Ruhm, hier das Maximum an Grausamkeit und „Perfektion" bei der Verfolgung eines gesamten Volkes gezeigt zu haben, so daß die den Pogromen zugrundeliegende Geisteshaltung, wenn sie auch schon vor Hitler bekannt war, als Hitlerismus gekennzeichnet werden sollte.

Die Grundlage der nationalsozialistischen Massenverbrechen gegen das jüdische Volk bestand in einem abgrundtiefen und pathologischen Haß. Hitler sah zwar viele andere Völker als Feinde Deutschlands. Gleichwohl empfand er gegenüber seinen späteren Kriegsgegnern einen gewissen Respekt. Achtung zollte er insbesondere „den Engländern". Franzosen, Belgier, Russen und andere hatten nach seiner

Auffassung immerhin ein so wertvolles „Menschenmaterial", daß er Hilfstruppen von Freiwilligen aus diesen Nationen rekrutieren ließ, welche beim Kampf gegen die Sowjets mit eingesetzt wurden.

Die nicht „arischen" Juden sah er dagegen als „Untermenschen" an, die er mit einem blindwütigen und irrationalen Haß ausnahmslos und unbarmherzig verfolgte. In seinem Buch „Mein Kampf", das zur Bibel des Nationalsozialismus wurde, findet man viele Stellen, die seinen krankhaften Wahn gegenüber dem jüdischen Volk deutlich machen. So heißt es hier etwa:

> „Der Jude . . . ist und bleibt der typische Parasit, ein Schmarotzer, der wie ein schädlicher Bazillus sich immer mehr ausbreitet . . . "

Seine Gefolgsleute dachten ähnlich. Aus den Tagebüchern von Goebbels seien folgende Eintragungen zitiert, die aus der Zeit vor der „Machtergreifung" der Nazis stammten:

> 27.6.1924: „Was ist dieser verdammte Jude für ein heuchlerischer Schweinehund. Lumpen, Schufte, Verräter. Die saugen uns das Blut aus den Adern."
>
> 26.6.1926: „Der Jude ist wohl der Antichrist der Weltgeschichte. Man kennt sich kaum mehr aus in all dem Unrat von Lüge, Schmutz, Blut und viehischer Grausamkeit."

Wenngleich die Stimmungsmache und Propaganda gegen „den Juden" von den Nationalsozialisten böswillig und rational geplant wurde, so lassen derartige Äußerungen doch erkennen, daß die Führer des Hitlerreiches von einem krankhaften Haß getrieben wurden.

Schon vor der Machtergreifung der Nationalsozialisten im Jahre 1933 trat dieser Haß gegen das Judentum deutlich zutage. Nach diesem Zeitpunkt hatten die deutschen Juden, etwa 500 000 Personen, größtenteils noch Hoffnung auf eine allmähliche Mäßigung. Immerhin emigrierten jetzt jährlich zehntausende von Juden ins Ausland. Nachdem durch die Nürnberger Rassengesetze von 1935 die Diskriminierung der Juden juristisch untermauert wurde, verschärfte sich der Druck immer mehr.

Die zunächst schwersten Ausschreitungen gab es im November 1938 anläßlich der sogenannten Reichskristallnacht. Am 7. 11. 1938 wurde in Paris der deutsche Botschaftssekretär vom Rath durch einen 17jährigen Juden namens Herschel Grünspan erschossen. Grünspan wollte mit dieser Tat Rache an den vielen Schikanen gegen seine Eltern und sein Volk nehmen. Die Nationalsozialisten nahmen diese Verzweiflungstat eines Minderjährigen zum willkommenen Anlaß, in der Nacht vom 9. zum 10. 11. 1938 „spontane Kundgebungen" gegen jüdische Mitbürger zu organisieren. Bei diesen Exzessen wurden in Deutschland fast sämtliche Synagogen, desgleichen eine Vielzahl von jüdischen Geschäften und Wohnungen verwüstet. Viele Juden wurden von fanatischen SA- und HJ-Angehörigen mißhandelt; beinahe hundert fanden, wie später ermittelt wurde, den Tod.

Schon vor Kriegsbeginn schleppte man viele Juden — zusammen mit politischen Hitlergegnern — in Konzentrationslager, wo sie unmenschlich und erbarmungslos geschunden wurden. Die Aufzeichnungen des Journalisten Dr. Bernhard Birk ergeben auch dazu ein erschütterndes Bild. Es heißt hier:

> „Die Juden waren uns gleichgestellt, offiziell wenigstens. Sie galten als politische Häftlinge. Aber sie mußten die schmutzigsten Arbeiten verrichten, eben-

so wie mancher Hochadelige. Prominente jüdische Schauspieler zusammen mit den zwei Söhnen des Erzherzog-Thronfolgers Franz-Ferdinand von Österreich mußten verstopfte Klosette und Latrinen der SS reinigen, mit den Händen. Die Juden wurden besonders geplagt. Sie mußten in erster Linie Schubkarren fahren und Steine tragen. In die Küche und andere Innenkommandos kam kein Jude. In der Kantine durften sie kaufen. Denn, wo es ums Geld ging, da war auch die SS gern bereit, vom Juden zu nehmen. Die Juden hatten auch die meisten Erfrierungen an Händen und Füßen. Von November 1938 bis Januar 1939 gab es in Dachau 2 800 Einzelerfrierungen, sogar solche an den Geschlechtsteilen. 95 % davon betrafen die Juden; denn sie mußten, da nicht genug Arbeit da war, während der Arbeitszeit im Freien stehen und noch dazu singen, oft bei 10 und mehr Kältegraden. Mehrere Kollegen von mir aus meiner Wiener Redaktionstätigkeit waren darunter. Es ist himmelschreiend, was man diesen armen Menschen angetan hat. Und das nur um ihrer Rasse willen, wofür doch kein Mensch etwas kann. Oft half ich einem Juden, der nicht mehr konnte, und ich bin für ihn Schubkarren gefahren, wenn er in meinem Kommando war."

Hemmungslos aber wurde der Vernichtungswahn nach dem Ausbruch und der Radikalisierung des Krieges. Etwa Ende 1941 begannen die Massenmorde an jüdischen Menschen. In der berüchtigten Wannseekonferenz von Januar 1942 planten die Nationalsozialisten die Massenvernichtung der Juden als „Endlösung". Die Mordmaschinerie wurde also planmäßig in Gang gesetzt. Von den 9,5 Millionen Juden, die in Europa lebten, wurden nach realistischen

Schätzungen 6 Millionen — etwa ein Drittel der jüdischen Bevölkerung der gesamten Welt — deportiert und in den Vernichtungslagern ermordet.

Diese finsterste Art von Hitlerismus schien durch nichts aufzuhalten zu sein, da der Wahn jede Vernunft, erst recht aber jedes Mitgefühl und jede Menschlichkeit erstickte. Als zum Beispiel der Massenmord durch SS-Einsatztruppen in der Ukraine sowie in den baltischen Ländern begann, wandte sich der „Reichskommissar für das Ostland" am 15. 11. 1941 gegen die „wilden Judenexekutionen" und verwies auf die „wirtschaftlichen Interessen, zum Beispiel der Wehrmacht an Facharbeitern in Rüstungsbetrieben."

Auch dieser Hinweis fruchtete nicht. Der zuständige Minister antwortete unter anderem:

> „Erwägungen wirtschaftlicher Art dürfen bei der Lösung der Probleme keinesfalls berücksichtigt werden. Auftauchende Fragen sind direkt mit den Leitern der Polizei und der SS zu klären."

Verbrechen und Wahnsinn gingen also Hand in Hand.

4. Was das Volk denkt, bestimmen wir!

Für die junge Generation Deutschlands sowie für alle Bewohner der westlichen Demokratien erscheint es unfaßbar, daß „die Deutschen" in der Hitlerzeit einem derart verbrecherischen und skrupellosen Regime folgen konnten.

Bevor zur Frage der persönlichen Schuld Stellung genommen wird, sei hier auf das Phänomen der Menschenbeeinflussung in totalitären Staaten eingegangen.

Dem Propagandaminister Hitlers, Josef Goebbels, wird das Wort zugeschrieben: „Was das Volk denkt, bestimmen wir!" Wenngleich diese Einstellung ebenso zynisch wie anmaßend erscheinen muß, so kann doch nicht geleugnet werden, daß in einer Diktatur die Möglichkeiten zur Meinungsmanipulation außerordentlich groß und vielgestaltig sind. Schon der deutsche Dichter Heinrich von Kleist (1777-1811) stellte fest: „Was man dem Volk dreimal sagt, hält das Volk für wahr."

Eine verbrecherische Führung kann jedenfalls durch ständige Falschinformation sowie durch eine Meinungsdiktatur die vom freien Informationsfluß abgeschnittene Bevölkerung im starken Maße mental beeinflussen. Das gilt vor allem im Hinblick auf die modernen Kommunikationsmittel des 20. Jahrhunderts.

Wer in früheren Jahrhunderten die „Volksmeinung" zu beeinflussen suchte, hatte dazu kaum technische Hilfmittel. Die Rede des Volkstribunen war jeweils nur von einem beschränkten Zuhörerkreis akustisch wahrnehmbar und konnte allenfalls durch Weitererzählung mittelbare Wirkung zeitigen. Zeitungen und Bücher wurden zumeist nur von der Minderheit der Gebildeten gelesen. Es blieb die allgemeine Schulerziehung durch systemtreue Lehrer, um bestimmte Meinungen und Geisteshaltungen zu erzeugen beziehungsweise aufrechtzuerhalten oder zu verändern.

Mit der Entwicklung der Lautverstärkung sowie der neuen Medien wie Film und Rundfunk, trat aber eine maßgebliche Änderung ein. Die Massensuggestion sowie die Emotionalisierung der Volksmeinung durch Hitler wurden durch Lautsprecher- und Rundfunkübertragungen erheblich erleichtert, wenn nicht erst ermöglicht. Hinzu kamen Wochenschauen im Kino, welche jeweils eine geschickte Mischung aus Nachricht und Regierungspropaganda darstellten. Nicht zu vergessen ist die nationalsozialistische Erziehung in den Schulen sowie in den NS-Organisationen Hitlerjugend, Reichsarbeitsdienst etc., die rein ideologisch ausgerichtet war. Der Meinungsmanipulation dienten schließlich die mündliche Propaganda überzeugter Nationalsozialisten sowie einseitige Zeitungsnachrichten und Kommentare, Plakataktionen und ähnliches.

Vom Hitlerregime wurden sämtliche denkbaren Mittel der Propaganda, der Emotionalisierung, der Massensuggestion und der Meinungsmanipulation eingesetzt, wobei nur das als Wahrheit galt, was „dem Volke nützlich" war.

Die Mittel für eine Gegenpropaganda und Aufklärung waren denkbar gering. Eine freie Presse gab es schon bald nach der Machtergreifung Hitlers nicht mehr. Politische Gegner wurden eingeschüchtert, inhaftiert und zur Emigration genötigt. Es blieben fast nur die Aufklärung und Warnung durch verständige und politisch wache Bürger. Deren Überzeugungsarbeit war aber ausschließlich im kleinen Kreise möglich, weil sie vom Regime mit härtesten Strafen und Repressalien bestraft wurde.

Während des Krieges gab es zwar eine Gegenpropaganda durch deutschsprachige Rundfunksender der Alliierten. Demjenigen, welcher diese „Feindsender" hörte, drohten jedoch ebenfalls drakonische Strafen. Ich erinnere mich, welche Vorsicht meine Eltern walten ließen, wenn sie englische Rundfunkmeldungen abhörten, was allerdings oft geschah. Zur Wahrnehmung dieser Informationsmöglichkeit waren in aller Regel nur Hitlergegner bereit. Wegen der drohenden Zuchthausstrafen ließen sich die meisten Bürger hierauf nicht ein. Nicht wenige hielten die alliierten Sendungen auch für reine „Lügenpropaganda".

Berücksichtigt man die ständige einseitige Information und Indoktrination, bedenkt man ferner, daß das Regime zunächst große äußere Erfolge in der Arbeits- und Wirtschaftspolitik sowie in der Außenpolitik vorweisen konnte und noch dazu in den ersten Kriegsjahren triumphale Siege feierte, so wird vielleicht deutlich, wie schwer es seinerzeit war, sich ein zutreffendes und sachgerechtes Urteil zu bilden.

Selbst in der Demokratie ist eine gewisse Meinungsmanipulation denkbar, etwa, wenn die meistgelesenen Presseorgane oder gar die Rundfunk- und Fernsehanstalten mehrheitlich in den Händen einer politisch einseitig ausgerichteten „Medienmafia" sind. Auch hier kann durch die „Auswahl" von Nachrichten, Themen und Kommentaren eine ständige Desinformation und Suggestion betrieben werden. Erst recht ist derartiges aber in einer Diktatur möglich, in welcher weder eine freie Presse noch sonstige freie Informationsquellen noch die freie Meinungsäußerung gewährleistet sind.

Wenn auch kritische Geister nicht dauerhaft manipuliert werden können, so ist doch die „Masse" der Bevölkerung durch ständige einseitige „Berieselung" in bestimmter Richtung beeinflußbar. Beispielsweise konnten die Linksdiktatur in Nicaragua und die Rechtsdiktatur in Chile „Wahlen" beziehungsweise „Volksabstimmungen" durchführen, die eine mehrheitliche Zustimmung der Bevölkerung zur Regierungspolitik erbrachten. Man geht wohl kaum fehl in der Annahme, daß hier gegenteilige Ergebnisse erzielt worden wären, wenn jeweils verschiedene Parteien mit etwa gleichartigen Propagandamöglichkeiten hätten tätig werden können.

Wenn ferner in der Sowjetunion oder im Iran unvorbereitet eine Volksabstimmung stattfinden würde, so könnte die jeweilige Führung höchstwahrscheinlich die Zustimmung der Mehrheit für sich verbuchen. Anders sähe aber das Bild aus, wenn wirklich freie Wahlen stattfänden, zu denen verschiedene Parteien nicht nur zugelassen würden, sondern auch rechtzeitig die Möglichkeit eingeräumt erhielten, ihr Programm publik zu machen und hinreichende Aufklärung und Wahlwerbung zu betreiben.

Bei der Beurteilung der Ära des Nationalsozialismus und des Verhaltens der damals lebenden Bevölkerung muß jedenfalls die außerordentlich effektive Meinungsmanipulation durch das Hitlerregime berücksichtigt werden. Nachdem Hitler die freie Presse beseitigt und die meisten Kritiker mundtot gemacht hatte, beherrschte das Regime in äußerst wirksamer Weise das gesamte Instrumentarium der Massensuggestion und Indoktrination. Das gilt zum Beispiel für die Massenveranstaltungen auf dem Reichsparteitag in Nürnberg und im Berliner Sportpalast sowie für die äußerst geschickt gestalteten Propagandafilme über derartige Ereignisse. Die einseitig ausgerichteten Zeitungen und Rundfunksendungen taten ein übriges.

Wenngleich Hitler bei demokratischen Wahlen vor der Machtergreifung im Januar 1933 niemals die Mehrheit der abgegebenen Stimmen erhielt, geht die Vermutung nicht fehl, daß nach einigen Jahren pausenloser einseitiger Propaganda die meisten damals lebenden Deutschen seiner Politik, so wie sie sich aus ihrer Sicht darstellte, zustimmten. Insoweit gilt dasselbe, was in anderen totalitären Staaten mit entsprechenden Möglichkeiten der Meinungsmanipulation ebenfalls zu vermuten wäre.

Aber auch dann, wenn eine manipulierte „Volksmeinung" zustandegekommen ist, kann nicht eine pauschale Verurteilung dieses Volkes ohne Differenzierung vorgenommen werden.

Wenn etwa im Iran durch eine geschickte Propaganda der Mullahs große Volksmassen fanatisiert und hysterisiert werden, so daß sie zum immerwährenden Krieg gegen den Irak wild entschlossen zu sein scheinen, so muß dies mit Zurückhaltung bewertet werden. Entsprechendes gilt von den durch Massensuggestion erzielten Wirkungen der Hitlerpropagandisten. Wenn zum Beispiel bei der berüchtigten Goebbels-Rede vom 18.4.1943 im Berliner Sportpalast die Zuhörer scheinbar enthusiastisch nach dem „totalen Krieg" riefen oder wenn beim Einzug Hitlers in Österreich im Jahre 1938 die Begeisterung der Volksmassen überzubrodeln schien, so kann daraus nicht ein eindeutiger Schluß auf eine gleichartige Gesinnung der gesamten deutschen oder österreichischen Bevölkerung gezogen werden.

Im übrigen aber kann die „Meinung" eines Volkes nur dann zutreffend und gerecht bewertet werden, wenn Informationsmöglichkeiten aus verschiedenen Quellen gesichert sind. Wie die Meinungsvielfalt in allen rechtsstaatlichen Demokratien einschließlich der Bundesrepublik Deutschland beweist, wird kein Volk in eine einseitige Denkweise verfallen, wenn ihm die Möglichkeiten einer wirklich freien Sachinformation und persönlichen Meinungsbildung offenstehen.

5. Wer wurde schuldig?

Die Frage, wer letztendlich die Schuld an den unsäglichen Greueln des Nationalsozialismus trägt, ist vielfach kontrovers diskutiert worden. Vor allem von ausländischer Seite werden folgende zwei Thesen genannt:

1. Irgendjemand muß für die begangenen Untaten verantwortlich sein.
2. Es erscheint ausgeschlossen, daß das deutsche Volk von den in seiner Mitte begangenen Massenverbrechen keine Kenntnis erhielt.

Die Richtigkeit der ersten These ist unbestreitbar. Die zweite These dagegen ist durchaus anfechtbar. Schuldig an den Verbrechen der Hitlerzeit, vor allem den Massenmorden, wurden zunächst alle, die vorsätzlich hieran mitgewirkt haben. Das gilt für den SS-Angehörigen, der die Gaskammern beschickte und die Transporte in die Vernichtungslager begleitete, für den Gestapo-Beamten, der Geständnisse durch Folter erpreßte sowie für den SA-Mann, der politische Gegner brutal zusammenschlug. In den Aufzeichnungen des KZ-Insassen Dr. Bernhard Birk heißt es dazu:

> „*Wer ist für alles verantwortlich?* In erster Linie Adolf Hitler, Heinrich Himmler, Herman Göring, Josef Goebbels. Und vor allem die Gestapo. Ferner die deutsche Justiz, die es zuließ, daß die meisten der politischen Häftlinge ohne ordentliche Gerichtsverfahren eingesperrt und festgehalten worden sind. Und dann die Lagerkommandanten. Diese konnten anscheinend

mit Duldung von oben herab unumschränkt schalten und walten. Aber auch sie waren nur ausführende Organe der Gestapo, die oft bis ins kleinste zentralistisch die Behandlung einzelner Gefangener festlegte."

Schuldig wurden auch die mittelbaren Täter, die sogenannten Schreibtischtäter, welche die Vernichtungsmaschinerie erst ermöglichten. Von allen diesen Tätern, die aktiv und vorsätzlich an der Begehung der Schandtaten des Nationalsozialismus beteiligt waren, kann sich kaum jemand auf einen Rechtfertigungs- oder Entschuldigungsgrund berufen. In aller Regel war es ohne Lebensgefahr möglich, sich der direkten oder indirekten Beteiligung an Morden und Folterungen zu entziehen, etwa durch die Bewerbung zu einer anderen Einheit. Geringere Nachteile als die einer akuten Lebensgefahr waren aber in Anbetracht der Schwere der Nazi-Verbrechen in Kauf zu nehmen, wenn man hieran nicht mitschuldig werden wollte.

Als Täter sowohl im juristischen als auch im moralischen Sinne gilt allgemein auch derjenige, der eine Straftat durch seine Passivität bewußt ermöglicht, wenn ihn eine Rechtspflicht zum Handeln — zur Verhinderung des Verbrechens — trifft.

In Anbetracht der unvorstellbaren Greuel des Nationalsozialismus war jeder seinerzeit lebende Erwachsene zumindest moralisch verpflichtet, bevorstehende Mordtaten nach Möglichkeit abzuwenden. Eine Pflicht, zur Abwehr von Untaten aktiv tätig zu werden, kann — im nachhinein — gerechterweise aber nur bejaht werden, wenn folgende Voraussetzungen gegeben waren:

— die Kenntnis von den begangenen beziehungsweise bevorstehenden Verbrechen;

— die Möglichkeit, ohne Opferung oder akute Gefährdung des eigenen Lebens den verbrecherischen Erfolg abzuwehren.

Nach meiner Überzeugung waren bei der großen Mehrheit der damals lebenden Deutschen diese Voraussetzungen nicht gegeben. Hierauf soll noch näher eingegangen werden.

Als eine mindere Art von Schuld gilt gegenüber dem Vorsatz die Fahrlässigkeit, das heißt hier die Ermöglichung von Verbrechen durch mangelnde Sorgfalt und Aufmerksamkeit. Diese Form von Schuld kann vielleicht den meisten Deutschen der Hitlerzeit angelastet werden.

Zwar hat die Partei Hitlers, die NSDAP, bei freien demokratischen Wahlen stets erheblich weniger als die Hälfte aller Stimmen bekommen. Den meisten ihrer Wähler blieb zudem der wahre Charakter Hitlers verborgen. Sie sahen in ihm den „Führer", der am ehesten die große Arbeitslosigkeit beseitigen konnte und den Demütigungen Deutschlands nach dem Versailler Friedensvertrag (1919) begegnen werde.

Nach seiner Berufung zum Reichskanzler und der Bildung einer Koalitionsregierung gelang es Hitler und seinen Gefolgsleuten durch Unterdrückung der Meinungs- und Pressefreiheit einerseits sowie durch eine gewaltige Propagada und Meinungsmanipulation andererseits, seine wahren Absichten weiter zu verschleiern. Das ist oben bereits ausgeführt worden.

Gleichwohl muß festgestellt werden, daß gerade vor und kurz nach dem Beginn der Hitlerära viele Deutsche aus allen Bevölkerungsschichten und Berufen mit Blindheit geschlagen zu sein schienen. Wer mit wachem politischen Sinn die Anfänge Hitlers und seiner Gefolgschaft beobachtet hatte, mußte schon vor der Machtergreifung im Jahre

1933 zu dem Urteil kommen, daß es sich bei den Nationalsozialisten um eine menschenrechtsfeindliche Gruppierung handelte.

Die Radikalität Hitlers, die sich aus seinen Schriften und politischen Äußerungen ergab, hätte von jedem aufmerksamen Bürger erkannt werden müssen. Wenn gleichwohl eine Vielzahl von bekannten und unbekannten Persönlichkeiten ihm zu folgen bereit war, so muß dies zumindest aus heutiger Sicht unfaßbar erscheinen.

Erinnert sei hier an ein Ereignis, das nur kurze Zeit nach der Machtergreifung stattfand, nämlich den sogenannten Röhm-Putsch. Röhm war der Führer der Hitler treu ergebenen SA, der im Jahre 1934 einen Putsch gegen Hitler geplant haben soll. Der angebliche Umsturzversuch führte dazu, daß in vielen Gewaltaktionen von Mitgliedern der SS sowohl Röhm als auch andere SA-Mitglieder, aber auch Gegner des Nationalsozialismus ermordet wurden.

Das Unbegreifliche liegt nun darin, daß Hitler sich ohne Scheu in einer Rede rühmen konnte, seine ehemaligen Gefolgsleute liquidiert zu haben. Das geschah etwa eineinhalb Jahre, nachdem er Reichskanzler geworden war. Als nachträgliche Rechtfertigung wurde dazu ein Gesetz der Reichsregierung vom 3.7.1934 erlassen, wodurch die Gewaltakte und eindeutigen Morde als „Staatsnotwehr" für rechtens erklärt wurden. Spätestens zu diesem Zeitpunkt mußte eigentlich jedem denkenden Menschen in Deutschland klar sein, daß Hitler und seine Anhänger den Unrechtsstaat wollten und vor schwersten Verbrechen nicht zurückscheuten.

Allerdings muß auch in diesem Zusammenhang auf die oben beschriebene Meinungs- und Nachrichtenmanipulation hingewiesen werden sowie darauf, daß viele politische Gegner Hitlers seinerzeit bereits inhaftiert worden oder aber emigriert waren.

Andererseits steht fest, daß breite Kreise der deutschen Bevölkerung noch nicht zu einem hinreichend kritischen Bewußtsein gelangt waren. Leider haben nur zu viele Deutsche den Diktator Hitler — jedenfalls in den ersten Jahren seiner Herrschaft — nicht nur akzeptiert, sondern unterstützt und emphatisch bewundert. Die Morde nach dem Röhm-Putsch wurden von diesen unkritischen Zeitgenossen als eine durch Notwehr gerechtfertigte Handlung empfunden.

Für die spätere Hitlerzeit, insbesondere die Kriegszeit, in welcher die Massenverbrechen begangen wurden, müssen noch weitere „mildernde Umstände" berücksichtigt werden. Damals waren alle Deutschen in einer Ausnahmesituation. Während dieses Zeitraums, in dem die schlimmsten Verbrechen in den Vernichtungslagern verübt wurden, dachte ein jeder in erster Linie an das eigene Überleben, und zwar wegen der ständigen Bombenangriffe und sonstigen Kriegsgefahren. In fast allen Familien wurde tagtäglich um das Leben von Angehörigen, die an der Front ihren Dienst versahen, gebangt. Unabhängig davon drohten allen, die die leiseste Kritik am Regime äußerten, erhebliche Repressalien bis zur Todesstrafe. Man bedenke, daß damals schon wegen der Hortung von Lebensmitteln die Todesstrafe verhängt und vollzogen wurde. In unserer Nachbarschaft hat sich zum Beispiel ein derartiger Fall ereignet. Berücksichtigt man also diese Ausnahmesituation, so wird es vielleicht eher verständlich, daß die Mehrheit der Deutschen dem Schicksal der Verfolgten und Inhaftierten seinerzeit nicht hinreichend nachging.

Daß aber tatsächlich die Greuel der Konzentrationslager und Vernichtungslager der großen Mehrheit der deutschen Bevölkerung nicht bekannt waren, sei hier an einigen Vorgängen verdeutlicht:

Mein Bruder und ich waren während des Krieges Mitglieder der damals verbotenen katholischen Jugendorganisation „Neudeutschland", welche gelegentlich im Hause meiner Eltern tagte. Nachdem die Existenz dieser Gruppe bekannt geworden war, wurden deren noch jugendliche Führer von den Nationalsozialisten verfolgt und inhaftiert. Als sie nach einigen Wochen zurückkamen, berichteten sie, was sie im Gefängnis von einem Mitgefangenen gehört hatten. Dieser war zuvor in einem Konzentrationslager gewesen. Ich erinnere mich noch sehr genau an die hier wiedergegebene Schilderung, da sie mir zum ersten Mal den Begriff des Konzentrationslagers vermittelte. Es war davon die Rede, daß Wachtürme, unter Strom stehende Stacheldrahtzäune sowie Wachmannschaften mit Schäferhunden vorhanden waren und daß im Lager unter anderem katholische Geistliche inhaftiert waren, welche ihre Arbeit sogar im Laufschritt hätten verrichten müssen. Wenngleich diese Schilderung verständlicherweise Erschütterung und Empörung bei uns auslöste, so läßt sie doch erkennen, daß nicht einmal ehemalige KZ-Häftlinge damals über das wahre Ausmaß der Schrecken in den Lagern zu erzählen wagten.

Das beweist vor allem der Fall des KZ-Insassen Dr. Bernhard Birk, dessen Aufzeichnungen oben bereits mehrfach zitiert worden sind. Wie mir seine Frau (meine Cousine) jetzt noch berichtete, war auch sie, obwohl sie mit Bernhard Birk schon während der Hitlerzeit verlobt war, von ihm damals nicht über die Schrecken des Konzentrationslagers unterrichtet worden, damit ihr Leben nicht gefährdet wurde. Offenbart hatte sich Bernhard Birk nur ihrem Bruder, der als katholischer Geistlicher einerseits unter einem besonderen Schweigegebot stand, andererseits die Kraft hatte, selbst schweigend mit diesem furchtbaren Wissen leben zu können.

Meine eigene Familie, die stets in Gegnerschaft zum Nationalsozialismus gestanden hat, konnte nach dem Kriege zunächst nicht glauben, was über die Vernichtungslager mitgeteilt wurde. Ebenso erging es fast allen anderen Deutschen, einerlei, ob sie sich gegenüber Hitler ablehnend oder zustimmend verhalten hatten.

Für jeden, der das Glück hat, ausschließlich in einer rechtsstaatlichen Demokratie gelebt zu haben, mag es kaum vorstellbar erscheinen, daß die meisten Bürger von den entsetzlichen Verbrechen, die in ihrer Mitte begangen wurden, nichts gewußt haben sollen. Es ist jedoch eine Tatsache, daß nicht nur die an der Front kämpfenden Soldaten, sondern auch die große Mehrheit der in ihren Heimatorten verbliebenen Deutschen keine Vorstellung von den Mordtaten hatten, welche damals begangen wurden.

Ich erinnere mich daran, daß gegen Ende des Krieges gelegentlich im Rundfunk der „Heldentod" bekannter Militärs, zum Beispiel des legendären Generalfeldmarschalls Rommel gemeldet wurde. Mein Vater äußerte hierzu den Verdacht, daß Hitler die genannten Offiziere habe ermorden lassen. Als mein älterer Bruder daraufhin einwandte, man könne bei allen Vorbehalten gegen Hitler doch nicht annehmen, daß dieser ohne weiteres zu Mordtaten bereit sei, erwiderte mein Vater erregt, daß Hitler durchaus derartiges zuzutrauen sei, weil er zum Beispiel in Stalingrad eine ganze Armee aus Geltungsbedürfnis dem Tode ausgeliefert habe. Mein Bruder räumte dies ein, äußerte aber gleichwohl seine Zweifel an regelrechten Mordtaten Hitlers außerhalb von Kriegshandlungen.

Dieser Vorgang zeigt vielleicht, daß auch unter denjenigen, welche Hitler wegen seiner Gesinnung und seines gesamten Verhaltens entschieden ablehnten, keineswegs alles von den tatsächlich verübten Verbrechen und ihrem Ausmaß bekannt war. Erst recht gilt dies für diejenigen, welche — sei es aus Dummheit, sei es aus Verblendung — Hitler für einen Führer mit guten und ideellen Absichten hielten.

Wenn man somit eine Schuldform für die unter Hitler lebenden Deutschen in bezug auf ihre Beteiligung an den Verbrechen des Nationalsozialismus finden will, so kann bei der übergroßen Mehrheit allenfalls Fahrlässigkeit, nicht aber Vorsatz unterstellt werden. Die millionenfachen Greueltaten wurden von einer verhältnismäßig kleinen Clique begangen, die nur als Abschaum der Menschheit bezeichnet werden kann. Völlig unmaßgeblich ist insoweit, daß sich unter den Tätern des Holocaust, etwa den KZ-Wachmannschaften und den Erschießungskommandos, auch Mitglieder anderer Nationalitäten befanden.

Nicht bestritten werden kann dagegen, daß mit den fortschreitenden Kriegsereignissen und den immer zahlreicher werdenden Kriegsopfern fast allen der Wahnsinn und die Unmoralität des Krieges bewußt werden mußten. Damals war es aber nicht mehr möglich, ohne Gefährdung des eigenen Lebens etwas Wirksames hiergegen zu tun.

Ich führe hier das Beispiel meines Vaters an, der nicht nur das Unglück des Nationalsozialismus (wenn auch nicht dessen gesamte Greueltaten) rechtzeitig erkannte, sondern — im Gegensatz zu den meisten anderen — bei Kriegsbeginn bereits voraussah, daß der Krieg in einem Meer von Blut und Tränen enden werde. In vielen leidenschaftlich geführten Gesprächen, die ich zum Teil miterlebte, versuchte mein Vater, andere von dem „Wahnsinn" des Krieges, der ohnehin nicht zu gewinnen sei, zu überzeugen. Häufig gebrauchte er dabei die Worte: „Unsere Nachkommen werden uns verfluchen". Diese Äußerung prägte sich mir besonders ein, weil ich sie erst später wirklich verstand.

Was aber war das Ergebnis dieser Bemühungen? — Ein Teil der Angesprochenen hörte — jedenfalls zu Kriegsbeginn — nur ungläubig zu, ein anderer Teil zuckte resignierend und zugleich ängstlich die Schultern. Einige aber schwärzten meinen Vater bei den zuständigen Stellen an. Nachdem er dann peinlichen Gestapoverhören unterzogen und mit der Folter im Gestapokeller bedroht worden war, konnte er von Glück sagen, daß er überlebte. Aber auch ihm, das betone ich nochmals, war trotz seiner politischen Weitsichtigkeit, seines vielfach bewiesenen Mutes sowie seiner Einschätzung der Nationalsozialisten als „Gesinnungslumpen" (wie er sie zu nennen pflegte) nicht annähernd das wahre Ausmaß der KZ-Greuel und sonstiger Untaten des Regimes bekannt.

6. Wo blieben die jüdischen Mitbürger?

Gegenüber der Feststellung, daß den weitaus meisten Deutschen die Greuel der Vernichtungslager seinerzeit unbekannt blieben, wird häufig eingewandt, daß schließlich jedem das Verschwinden der jüdischen Mitbürger auffallen mußte. Letzteres ist richtig — gleichwohl läßt sich daraus eine Kenntnis der Massenmorde nicht herleiten.

Zweifellos mußte jeder Deutsche zunächst die immer neuen Schikanen gegen jüdische Mitbürger erfahren, etwa die ständigen Boykottmaßnahmen und Drohungen. Unverkennbar war zum Beispiel, daß die SA vor jüdischen Geschäften Posten aufstellte, um deren Kunden einzuschüchtern und abzuschrecken.

Bekannt wurden im November 1938 sodann — wenn auch jeweils nur in kleinen Teilbereichen — die Ausschreitungen der sogenannten Reichskristallnacht, über die oben bereits berichtet wurde. Ab 1940 wurden alle jüdischen Mitbürger gezwungen, den Davidstern mit der Aufschrift „Jude" zu tragen. Wenig später wurde fast die gesamte jüdische Bevölkerung inhaftiert und deportiert. Aus eigener Erinnerung kann ich zu diesen Vorgängen folgendes berichten:

Zur Reichskristallnacht wurde in meiner Vaterstadt Hamm unter anderem erzählt, daß das Haus eines beliebten jüdischen Arztes von der SS und Hitlerjugend gestürmt wurde, wobei nicht nur alle Fensterscheiben, sondern auch das gesamte Mobiliar zerschlagen worden sei. Sodann erinnere ich mich an Plakate mit dem abgebildeten „Judenstern" und der Aufschrift „Das ist Dein Feind". Die beschämende und erniedrigende Anprangerung der Juden, die den

Davidstern (ab 1940) tragen mußten, konnte niemanden entgehen. Meine Mutter berichtete eines Tages voller Empörung und mit den Tränen kämpfend, sie habe in der Stadt eine jüdische Familie gesehen, von der sämtliche Mitglieder einschließlich des im Kinderwagen befindlichen Kleinkindes den Davidstern hätten tragen müssen.

Was aber war hier zu tun? Zu diesem Zeitpunkt (1940) war in Deutschland niemand seines Lebens mehr sicher. Mein Vater hatte zum Beispiel ein bedrohliches Verhör bei der Gestapo erlebt, weil er den Kriegsbeginn scharf verurteilt hatte. Um diese Zeit wurde jede regimefeindliche Äußerung, erst recht jede Widerstandshandlung mit härtesten Strafen bis zur Todesstrafe geahndet. Die wehrfähigen Männer waren ohnehin größtenteils an der Front. Die übrige Bevölkerung schwieg — aus Angst um das eigene Leben.

Ich weiß weiter, daß — wiederum hinter vorgehaltener Hand — erzählt wurde, die jüdischen Mitbürger seien von der SS abgeholt und offenbar in Gefängnisse oder Lager gebracht worden. Das war vielfach beobachtet worden.

Auch hier äußerte sich die Empörung in Gesprächen nur innerhalb der Familie oder kleiner vertrauter Personenkreise. Mein Vater sprach wiederum davon, daß die gegenwärtige Generation später von ihren Nachkommen verflucht werde, weil niemand sein Leben zu opfern bereit sei, um Hitler zu beseitigen. Ist es aber unverständlich, daß zum Beispiel meine Mutter in der Sorge um den Familienvater diesen immer wieder händeringend bat, doch „um Gottes Willen vorsichtiger" mit seinen Äußerungen zu sein?

Auch gegenüber anderen bekannt gewordenen Schandtaten der Nationalsozialisten zeigte sich seit langem nur Resignation, und zwar aus dem Gefühl der Ohnmacht heraus. Das galt etwa für Repressalien gegen katholische und protestantische Geistliche. In meiner Heimatstadt war im Jahre

1936 der Paderborner Erzbischof Kaspar Klein von fanatischen Mitgliedern der Hitlerjugend in übelster Weise beschimpft, bedroht und bespuckt worden. Das geschah in aller Öffentlichkeit, wobei nur wenige — erfolglos und machtlos — dem Erzbischof beizustehen wagten.

Inhaftiert bzw. in Lagern untergebracht waren nach der Kenntnis der meisten Bürger auch andere Personengruppen, zum Beispiel Regimegegner und kritische Geistliche. Hinzu kamen die immer größer werdenden Kriegsgefangenenlager, in denen es vor allem den russischen Gefangenen (die nicht durch das internationale Rote Kreuz betreut wurden) erbärmlich schlecht ging. Hier war schon jede Hilfeleistung gefährlich. Ich erinnere mich, in welch vorsichtiger und geradezu konspirativ anmutender Weise mein Vater einem russischen Kriegsgefangenen ein oder zwei Pfund Brot (in Papier verpackt) übergab. Mein jüngerer Bruder spielte noch lange mit einem Spielzeug, das ihm dieser russische Gefangene zum Dank geschnitzt hatte.

Aus damaliger Sicht waren die jüdischen Mitbürger ebenso wie andere Personengruppen, insbesondere ausländische Kriegsgefangene, in Lagern untergebracht, von deren Innenleben man wenig wußte. Teilweise gebrauchte man jetzt allerdings auch schon den Begriff Konzentrationslager. Als mein Vater beispielsweise im Jahre 1943 nach einem Bombenangriff der Alliierten, der viele Tote, Verwundete und zerstörte Häuser in unserer Nachbarschaft zur Folge hatte, wütend ausrief: „Das danken wir dem Führer", keifte eine primitive Nachbarin lauthals, daß mein Vater für diese Äußerungen ins Konzentrationslager gehöre.

Die Situation war damals also ebenso chaotisch wie niederdrückend und gefahrvoll. Gleichwohl kann ich hier ein Erlebnis schildern, welches zeigt, daß im Einzelfall eine gewisse Zivilcourage doch positive Auswirkungen haben konnte.

Gegen Ende des Krieges waren wir im Heimatdorf meines Vaters (der selbst zur Wehrmacht eingezogen worden war) in einem sogenannten Behelfsheim untergebracht. In diesem Dorf wohnte eine Familie, deren Mutter „Halbjüdin" war. Man erzählte uns in vorsichtiger Weise, daß sie wegen dieser Eigenschaft „ins Lager" gekommen sei. Im Winter 1944/45, also wenige Monate vor Kriegsende, wurden die etwa 15 bis 20jährigen Töchter als „Vierteljüdinnen" von der SS angewiesen, sich zu einem bestimmten Termin mit Arbeitszeug in der nahen Kreisstadt Unna einzufinden. Gegenüber diesem Befehl, der die unvorstellbar infame und verbrecherische Gesinnung der Nationalsozialisten deutlich macht, erhob der Vater der Mädchen schärfsten Protest. Als „Arier", der sogar der NSDAP (der Partei Hitlers) angehörte, hatte er die Inhaftierung seiner Ehefrau mit Rücksicht auf seine Töchter ohnmächtig hingenommen, glaubte aber jetzt, nichts mehr verlieren zu können. Sein Protest führte zu der Aufforderung an ihn, sich zusammen mit seinen Töchtern zur Einweisung in ein Lager einzufinden.

Im Dorf herrschte nun ebenso große Ratlosigkeit wie Empörung. Der etwa 30jährige Sohn des Bürgermeisters, Paul Steinweger, suchte den Ortsgruppenleiter der NSDAP auf und bat ihn um Hilfe. Letzterer erklärte, selbst machtlos zu sein und verwies darauf, daß die Nazis sogar sein eigenes — geistig behindertes — Kind gegen seinen Willen „weggeholt" und in eine Anstalt gebracht hätten.

Um der bedrohten Familie wenigstens ein Zeichen der Solidarität zu geben, erbot sich Paul Steinweger sodann, sie mit dem Kutschwagen nach Unna zu fahren. Ich sehe noch heute das beklemmende Bild vor mir, als der Kutschwagen mit den beiden Männern auf dem Bock und den Mädchen im Innern losfuhr. Niemand sprach ein Wort. Um der Gefahr von Tieffliegerangriffen zu entgehen, fuhr man nicht über die Landstraße, sondern über einsame Feldwege. In Unna gerieten die Insassen des Pferdewagens in einen Bombenangriff alliierter Flieger und damit in akute Lebensgefahr. Diesen Fliegerangriff aber nahm Paul Steinweger zum Anlaß, mit seiner Begleitung einfach zurückzufahren. Tatsächlich blieben dann diese sympathischen und schuldlosen Menschen bis zum Kriegsende unbehelligt. Als auch noch die Mutter aus dem KZ zurückkehrte, wenn auch in einem verhärmten und entkräfteten Zustand, war das Glück der leidgeprüften Familie wieder vollkommen. Leider verlief aber das Schicksal der meisten jüdischen Familien weniger glimpflich.

Berechtigt ist sicherlich die Frage, wie „die deutsche Bevölkerung" reagiert hätte, wenn sie nicht nur von den Schikanen sowie der Inhaftierung und Deportierung der Juden, sondern auch von dem (geplanten) Massenmord erfahren hätte. Sicherlich wären dann auch den naivsten Zeitgenossen die Augen aufgegangen. Ich glaube fest, daß sich trotz der Gefährdung des eigenen Lebens weitaus mehr tatsächlicher Widerstand gegen Hitler gezeigt hätte, wenn die Greuel der Vernichtungslager auch nur in etwa bekannt geworden wären.

Wenngleich dies eine hypothetische Erwägung ist, so sei doch als Beleg für diese Vermutung die Entwicklung des Euthanasieprogrammes der Nationalsozialisten in Bezug genommen:

Bekannt war der Bevölkerung damals, daß geistig Behinderte in sogenannte Irrenanstalten eingeliefert wurden. Im Sommer 1941 wurde dann die Liquidierung dieser kranken Menschen ruchbar, und zwar vor allem aufgrund der Predigten des Bischofs von Münster, Graf von Galen, welcher die Euthanasie als Mord brandmarkte. Das führte zu erheblicher Unruhe sowie zu vielen Protesten aus der Bevölkerung, unter anderem von Frontsoldaten. Daraufhin brachen die Nazis ihr Programm zur Vernichtung „lebensunwerten Lebens" praktisch ab. Andererseits sann man auf Rache gegen den Bischof von Münster, für den einige Nationalsozialisten die Todesstrafe forderten (Der Bischof hatte, wie man von seiner Umgebung weiß, tatsächlich mit seiner Ermordung gerechnet und sein Leben hier zur Rettung anderer bewußt in die Waagschale geworfen). Der Propagandaminister Goebbels warnte seine Genossen jedoch mit Rücksicht auf die Kriegslage vor voreiligen Schritten, wobei er versprochen haben soll, daß der Bischof nach dem „Endsieg" vor seinem Dom in Münster aufgehängt werde.

Das vorstehende Beispiel zeigt, daß die Bevölkerung seinerzeit trotz aller Einschüchterung und Propaganda nicht ohne weiteres bereit war, Morde an Unschuldigen zu akzeptieren. Ich bin überzeugt, daß ein Aufschrei des Entsetzens durch die Masse der Bevölkerung gegangen wäre, wenn diese von der grausamen Wirklichkeit der Konzentrations- und Vernichtungslager erfahren hätte. Daß die führenden Nationalsozialisten eine derartige Reaktion befürchteten oder zumindest für möglich hielten, geht unter anderem daraus hervor, daß sie über das Schicksal der inhaftierten und deportierten Juden den Mantel des Schweigens ausbreiteten und in jeder Weise ihre Verbrechen zu verheimlichen suchten, leider mit Erfolg.

Gewiß, es gab neben den Tätern auch eine Anzahl von Mitwissern, die zum Teil durch Zufall von den Massenmorden — zumindest in Teilbereichen — erfahren hatten. Diese schwiegen aber zumeist aus Angst um das eigene Leben oder aber sie vertrauten sich allenfalls engsten Freunden und Familienangehörigen an. Verwiesen sei hier auf den Fall des KZ-Insassen Dr. Birk.

Als gegen Kriegsende der „Volksgerichtshof" unter Leitung seines berüchtigten Präsidenten Roland Freisler über die Widerständler des 20. Juli 1944 zu Gericht saß, berief sich einer der Angeklagten zur Motivation seines Handelns auf „die vielen Morde". Daraufhin schrie ihn Freisler in hysterischer Weise an, ob er unter dieser falschen Anklage nicht zerbreche. Auf die Verneinung dieser Frage verhöhnte Freisler, die Horrorgestalt eines Richters, den Angeklagten noch als „armseliges Würstchen".

Der beschämende Vorfall, der in Wochenschaufilmen festgehalten wurde, zeigt immerhin, wie sehr das Regime bestrebt war, seine Mordtaten im Dunkeln zu belassen.

7. Wer zählte zu den „Nazis"?

Der Begriff „Nazi" wird in der heutigen politischen Auseinandersetzung als Schimpfwort gebraucht und manchmal auch gegenüber Personen benutzt, die diese Bezeichnung wahrlich nicht verdienen. Man versteht unter einem „Nazi" jemanden, der nach seiner Gesinnung ein Nationalsozialist oder Faschist ist. Bezogen auf die Hitlerzeit war derjenige ein Nazi, welcher Hitler bewußt unterstützt und damit dessen Verbrechen zumindest moralisch mitzuverantworten hat.

Nach den vorstehenden Ausführungen können nicht alle Deutschen, welche die Hitlerzeit erlebt und überlebt haben, als „Nazis" qualifiziert werden. Vielfach werden aber alle ehemaligen Mitglieder der NSDAP, der von Hitler geführten nationalsozialistischen deutschen Arbeiterpartei, als Nazis gebrandmarkt. In dem verächtlichen Sinne, wie letzterer Begriff heute gebraucht wird, erscheint dies nicht gerechtfertigt.

Wer *vor* der Machtergreifung Hitlers Mitglied der NSDAP wurde, muß sich allerdings zumindest politische Unreife oder gar Blindheit, wenn nicht Schlimmeres vorwerfen lassen. Nach 1933 traten dagegen viele in die Partei Hitlers ein, die später als sogenannte Mitläufer eingestuft wurden. Diesen ging es zumeist darum, berufliche Nachteile zu vermeiden beziehungsweise Vorteile wahrzunehmen. Gleichwohl kann diesen „Mitläufern" keineswegs ausnahmslos Feigheit und billiger Opportunismus angelastet werden.

Umgekehrt waren manchmal sogar Mut und politischer Weitblick gefordert, wenn man sich der Werbung der NSDAP entziehen wollte. Der Leser wird bemerkt haben, daß ich auf die Haltung meines Vaters während des Hitlerreiches durchaus stolz bin. Ich will dessen Beispiel auch in diesem Zusammenhang aufführen.

Es war etwa im Jahre 1940, als mein Vater von einem Funktionär der NSDAP in einem Werbungsgespräch aufgefordert wurde, der „Partei" beizutreten. Das geschah in Kenntnis dessen, daß mein Vater als Anhänger der früheren Zentrumspartei ein erklärter Gegner der Nazis war. Der NSDAP-Funktionär redete auf meinen Vater ein, daß heute jeder aufrechte Deutsche an der Seite des „Führers" stehen müsse und diesen gegen eine Welt von Feinden unterstützen müsse. Nachdem mein Vater den Beitritt zur Partei ablehnte, wies der Funktionär mit Nachdruck darauf hin, daß allein die gebotene Dankbarkeit gegenüber Adolf Hitler die moralische Pflicht zum Eintritt in die NSDAP begründe. Mein Vater erwiderte daraufhin in barschem Ton: „Ich wüßte nicht, was ich dem zu verdanken hätte". Den letzteren Satz habe ich noch heute „im Ohr". Er ist mir insbesondere deswegen im Gedächtnis geblieben, weil der NSDAP-Mann mit Empörung auf diese „unglaubliche" Brüskierung reagierte und meine Eltern sich später besorgt darüber unterhielten, welche Folgen diese Äußerungen vielleicht haben könnten.

Dieser Vorgang zeigt, daß es nicht einmal einfach war, der NSDAP fernzubleiben. Das gilt insbesondere für die damaligen Staatsdiener und Beamten. Beispielsweise waren von den Lehrern meines Gymnasiums, unter denen kaum ein wirklicher „Nazi" war, meines Wissens nur zwei oder drei nicht Parteigenossen. Sie galten in der Schule als Sonderlinge und waren praktisch von jeder Beförderung ausgeschlossen.

Aber auch alle anderen Beamten, angefangen vom Lokomotivführer bis zum Ministerialbeamten, konnten sich der Parteizugehörigkeit ohne erhebliche Nachteile für sich und ihre Familien kaum entziehen.

Ich habe oben geschildert, daß sich der Ehemann einer später ins KZ deportierten rassisch Verfolgten der NSDAP angeschlossen hatte, offenbar gerade deswegen, um Repressalien von seinen Familienangehörigen fernzuhalten. Hierzu ließen sich noch viele Beispiele bringen, wonach auch Personen, die Hitler verabscheuten, formell Mitglied der NSDAP wurden, um größeren Schaden zu vermeiden.

Eine merkwürdige Differenzierung war in den letzten Jahren und Jahrzehnten zu beobachten, wenn es um die Beurteilung von deutschen Nachkriegspolitikern als ehemalige „Nazis" ging. In einer Vielzahl von Medien fanden nur diejenigen ehemaligen NSDAP-Mitglieder Gnade, welche sich auf Seiten der politischen Linken betätigten. Konservative Politiker wurden dagegen manchmal schon dann als „Nazis" oder „Faschisten" beschimpft, wenn sie kritische Worte gegenüber Kommunisten oder Ostblockführern fanden.

Während etwa dem deutschen Bundespräsidenten Carstens seine formelle Mitgliedschaft in der NSDAP angelastet wurde, hatte man bei seinem Amtsvorgänger Scheel, der von der SPD mitgetragen wurde, offenbar keinerlei diesbezügliche Bedenken, obwohl auch er der NSDAP angehört hatte. Entsprechendes gilt von dem ehemaligen Wirtschafts- und Finanzminister Schiller (SPD), der nicht nur Mitglied in der NSDAP, sondern auch in anderen NS-Organisationen gewesen war, gleichwohl aber nicht in die Nähe des Faschismus gerückt wurde.

In Österreich sowie in der gesamten westlichen Welt galt Kurt Waldheim während seiner Diplomatenlaufbahn (ab 1945) sowie als UNO-Generalsekretär (1971 bis 1981) stets als ein Vorbild persönlicher Integrität. Er wurde mit der goldenen Friedensmedaille der UNO ausgezeichnet und von der Georgetown-Universität in Washington zum Professor für Diplomatie berufen (1982). Nachdem er aber 1986 für die ÖVP gegen einen sozialistischen Mitbewerber zum Amt des österreichischen Bundespräsidenten kandidierte und zum ersten nichtsozialistischen Bundespräsidenten Österreichs gewählt wurde, „besann" man sich auf seine „Vergangenheit" als früherer Wehrmachtsoffizier. Jetzt plötzlich wurde er überall als „Nazi" bezeichnet und erhielt gar ein Einreiseverbot für die USA von der amerikanischen Regierung.

Geradezu schändlich war das Treiben gewisser Kreise gegenüber dem ehemaligen, kürzlich verstorbenen Bundeskanzler Kurt Georg Kiesinger. Letzterer, ein aufrechter Demokrat und absolut integerer Politiker des Westens, hatte sich unter der Hitlerdiktatur ebenfalls der formellen Parteizugehörigkeit nicht entziehen können. Er galt aber den Nazis, wie durch Urkunden belegt, als politisch unzuverlässig. Um ihn als Bundeskanzler zu diskriminieren, wurde auch er später als „Nazi" beschimpft. Das ging so weit, daß eine selbsternannte „Nazi-Jägerin", die sich auch im Falle Waldheim unrühmlich hervortat, dem amtierenden deutschen Bundeskanzler öffentlich ins Gesicht schlug. Es mag sein, daß hierbei weniger politischer Fanatismus als vielmehr ein neurotisches Geltungsbedürfnis die Triebfeder des Handelns darstellte. Beschämend ist jedoch, daß nicht wenige Vertreter der deutschen Linken gegenüber dieser wahrhaft faschistoiden Handlungsweise deutliche Symphatien zeigten. Dem hessischen Rundfunk gebührt das „Verdienst", der „Schlägerin" noch im Jahre 1987 eine etwa einstündige, bundesweit ausgestrahlte Fernsehsendung gewidmet zu haben, die man nur als skurriles Heldenepos bezeichnen kann.

Nicht selten wurde in der bundesdeutschen Nachkriegszeit ein mißliebiger Politiker auch als „früherer Hitlerjunge" verunglimpft. Derartige Beschimpfungen sind entweder bösartig oder aber bar jeder Kenntnis der damaligen Verhältnisse. Tatsächlich waren nämlich von 1936 bis 1945 alle 10- bis 18jährigen fast ausnahmslos Mitglieder der Hitlerjugend (HJ), und zwar unfreiwillig. Aufgrund eines Gesetzes über die HJ vom 1. 12. 1936 wurde diese zur „Staatsjugend" erhoben. Der Mitgliedschaft in der HJ (bei der Gruppierung der 10- bis 14jährigen sprach man vom „Jungvolk"), konnte man sich ebensowenig entziehen wie zum Beispiel der allgemeinen Schulpflicht. Nach einer „Hitlerjugenddienstordnung" vom 25. 3. 1939 wurde zum Beispiel mit Gefängnis bestraft, „wer böswillig einen Jugendlichen vom Dienst in der Hitlerjugend abhält oder abzuhalten versucht".

Auch mein älterer Bruder und ich mußten wöchentlich ein- bis zweimal zum „Dienst" beim „Jungvolk" antreten. Obwohl wir heimlich der verbotenen katholischen Jugendbewegung „Neudeutschland" (ND) angehörten, war die Teilnahme am HJ-Dienst nicht zu umgehen. Zwei unserer Freunde aus dem ND wurden wegen ihrer sportlichen Leistungen beim „Jungvolk" sogar zu sogenannten Jugendschaftsführern ernannt. Als man herausfand, daß sie zugleich katholische Meßdiener waren und diese Tätigkeit nach entsprechenden Vorhaltungen nicht aufzugeben bereit waren, wurden sie schimpflich „degradiert".

War somit die Mitgliedschaft in der NSDAP und erst recht die in der HJ keineswegs ein Anzeichen für die Gesinnung als „Nazi", so gilt möglicherweise etwas anderes für die meisten Angehörigen der SA und der SS. Die Mehrheit aus diesen Gruppierungen zählte wohl zu den wirklichen Anhängern Hitlers. Viele von ihnen haben die Massenmorde nicht nur gekannt, sondern als Täter mit verwirklicht. Aber auch bei diesen Gruppen gab es Ausnahmen.

Ich hatte einen Vetter, der als jugendlicher begeisterter Hitleranhänger in die SA eintrat. Man kann ihn gleichwohl keineswegs als Verbrecher bezeichnen, sondern nur als einen Phantasten, der die anfänglichen Übergriffe der Nazis als unverantwortliche Aktionen einzelner Parteigenossen ansah, von denen „der Führer nichts wußte". Als zum Beispiel in einer NSDAP-Versammlung verbale Angriffe gegen katholische Geistliche vorgebracht wurden, hat unser junger Verwandter, wie wir später erfuhren, hiergegen laut und schärfstens protestiert. Mein Vater versuchte vergeblich, diesen irregeleiteten Idealisten über die wahre Natur Hitlers und die zu erwartenden Verheerungen des Krieges aufzuklären. Der junge Mann war sich seiner Sache so sicher, daß er beinahe mitleidig die Argumente meines Vaters zu widerlegen suchte, die nach seiner Meinung auf fehlender Information beruhten. Er verhielt sich etwa so wie ein heutiger Jungsozialist, den man überzeugen will, daß das Regime in Nicaragua die Pressefreiheit und die politische Opposition unterdrückt. Kurze Zeit später, noch zu Beginn des Krieges, fiel der junge Verwandte an der Front. Mein Vater schockierte seine Eltern bei der Trauerfeier mit den Worten, daß dem Toten in Zukunft wohl viel erspart bleiben werde. Nach dem Kriege räumten die Eltern, die selbst keine politische „Meinung" hatten, ein, daß ihr Sohn, wenn er die Greuel der Konzentrationslager erfahren hätte, innerlich hieran zerbrochen wäre.

Selbst bei der gefürchteten und berüchtigten SS gab es Unschuldige. Das gilt zumindest für die sogenannte Waffen-SS, eine Truppe außerhalb der Organisation der Wehrmacht. In ihren Reihen gab es vor allem gegen Ende des Krieges auch Soldaten, die aus Truppenkontingenten der Wehrmacht hierher versetzt worden waren. Konrad Adenauer und Kurt Schumacher, die als aufrechte Demokraten unter dem Nationalsozialismus erheblich zu leiden hatten, haben nach dem Kriege eine Ehrenerklärung für diese Gruppierung abgegeben, welche sicherlich nicht im Verdacht stehen kann, tendenziös zu sein.

Nach den oben zitierten Aufzeichnungen des KZ-Insassen Dr. Bernhard Birk waren sogar unter den Wachmannschaften der Konzentrationslager anständige Menschen. Bernhard Birk berichtet zum Beispiel von einem SS-Scharführer, der ihm im Lager manchmal heimlich etwas Tabak zusteckte und mit ihm über die „Hölle", in der man sich befand, vertrauensvoll sprach. Dieser Scharführer kam, wie Dr. Birk ausführt, nach einem Urlaub nicht zurück und soll „davongelaufen" sein.

8. Die Verantwortung der Wehrmachtsangehörigen

Die Verbrechen der Hitlerzeit werden vielfach den Angehörigen der ehemaligen Wehrmacht mit angelastet. Hitlers Macht während des Krieges war in der Tat auf die deutschen Armeen gegründet. Die NS-Propaganda wurde zudem nicht müde, die Heldentaten deutscher Truppen an allen Fronten überschwenglich zu feiern.

Teilweise hört man heute das Argument, daß die Massenmorde durch die Wehrmacht erst ermöglicht worden seien, weil diese nämlich den SS-Mannschaften in den Vernichtungslagern den Rücken freigehalten habe.

Besonders heftige Angriffe wurden gegen ehemalige Wehrmachtsangehörige im Frühjahr 1985 geführt, als des 40jährigen Kriegsendes gedacht wurde. Anläßlich dieses Ereignisses besuchten der amerikanische Präsident Ronald Reagan und der deutsche Bundeskanzler Helmut Kohl am 5.5.1985 gemeinsam zunächst das ehemalige Konzentrationslager Bergen-Belsen und sodann den Soldatenfriedhof in Bitburg. Auf dem Friedhof in Bitburg ruhen 2 000 im zweiten Weltkrieg gefallene deutsche Soldaten, unter ihnen 49 Mitglieder der ehemaligen Waffen-SS. Die Planung und Durchführung dieses Besuches führte zu Reaktionen, die — zumindest in dieser Form und Intensität — niemand voraussehen konnte.

Israelische Politiker und jüdische Demonstranten bezeichneten es als eine Ungeheuerlichkeit, daß mit dem Besuch von Bergen-Belsen und Bitburg zugleich die Opfer und die Mörder des Holocaust geehrt würden. Ähnliche Äußerungen vernahm man aus den USA. Nur beispielhaft sei hier der demokratische Kongreßabgeordnete Solarz zitiert, welcher erklärte:

> „Es geht weder jetzt noch in Zukunft an, daß wir den Schurken Tribut zollen, deren Dienste das Nazi-Regime ermöglicht haben."

Die vorwiegend ausländischen Kritiker bezeichneten also die gefallenen deutschen Soldaten als Schurken und Mörder, derer mit den Opfern des Nationalsozialismus nicht in einem Zuge gedacht werden dürfe. Gegenüber diesem Werturteil will ich das Beispiel von drei mir nahestehenden, ehemaligen Wehrmachtsangehörigen anführen.

Zunächst nenne ich hier einen früheren Freund mit dem Namen Max-Hermann Seewald, welcher Gruppenführer der verbotenen Jugendorganisation „Neudeutschland" (ND) in meiner Heimatstadt war. Als solcher organisierte er während des Krieges eine heimliche Gemeinschaftsfahrt unserer Gruppe zu einer Wanderung im heimischen Sauerland. Nachdem diese Fahrt bei der Hitlerjugend ruchbar geworden war, fanden hier entsprechende Verhöre statt, bei denen die HJ-Führer vor allem nach dem Namen des Gruppenführers forschten. Zwischenzeitlich berieten wir mit Max-Hermann Seewald, was bei diesen Verhören geantwortet werden solle. Er erklärte uns, daß wir seinen Namen notfalls preisgeben sollten und merkte in diesem Zusammenhang an: „Für mich gibt es ohnehin nur zwei Möglichkeiten: entweder das Gefängnis oder der Marsch an die Front, und an der Front ist es noch gefährlicher als im Gefängnis." Nach einer kurzfristigen Inhaftierung wurde unser Freund zur Wehrmacht eingezogen und zur russischen Front abkommandiert. Schon wenig später meldete man ihn als vermißt. Niemand hat seitdem wieder etwas von ihm gehört.

Offenbar hat Max-Hermann Seewald den Soldatentod in den Weiten Rußlands gefunden. Gehört er deswegen zu den Mördern, statt zu den Opfern des Nationalsozialismus?

Das zweite Beispiel betrifft meinen Vater, der wegen seiner entschiedenen Gegnerschaft zum Nationalsozialismus der Einweisung ins Konzentrationslager nur mit Mühe entging. Er bekam jedoch Ende 1944 einen Einberufungsbefehl zur Wehrmacht. Wenige Tage vor dem eigentlichen Fronteinsatz gelang es ihm, sich von seiner Einheit „abzusetzen" und sich bis zum Eintreffen der US-Truppen bei uns verborgen zu halten. Auf diese Weise hat er den Krieg überlebt. Theoretisch hätte aber mein Vater als überzeugter Hitlergegner sowohl in Bergen-Belsen (als KZ-Häftling) als auch in Bitburg (als Wehrmachtsangehöriger) den Tod finden können. Müßte man ihn im ersten Fall als Opfer, im zweiten Fall aber als Täter des Nationalsozialismus kennzeichnen? Diese Frage zu stellen, heißt doch wohl, sie zu verneinen.

Schließlich habe ich von dem ehemaligen KZ-Häftling Dr. Bernhard Birk berichtet, der nach dreijähriger Haft im Konzentrationslager Dachau noch zur Marine eingezogen wurde und bis zum Kriegsende Wehrmachtsangehöriger blieb. Daß dieser Mann, der seine Opposition gegen Hitler mit grausamer Einkerkerung und der Zerstörung seiner Gesundheit bezahlen mußte, nicht als Täter des Nationalsozialismus gelten kann, müßte eigentlich jedem einleuchten. Gleichwohl wird er von der pauschalen Verurteilung aller Wehrmachtsangehörigen betroffen.

Richtig ist zwar, daß die meisten Wehrmachtsangehörigen nicht in der Gefahr standen, wegen ihrer politischen Haltung ins KZ oder Gefängnis zu kommen. Umgekehrt ist aber festzustellen, daß fast alle deutschen Soldaten ihren Dienst nicht freiwillig, sondern gezwungenermaßen angetreten haben. Die Ablehnung des Einberufungsbefehls war nach den damaligen Gegebenheiten absolut indiskutabel. Das bedarf keiner Begründung für den, der diese Zeit miterlebt hat. Es ist bekannt, daß gerade gegen Ende des Krieges jeder Soldat, der den weiteren Kampf ablehnte, unverzüglich erschossen oder gehängt wurde. Auf diese Weise haben viele tausende deutscher Soldaten den Tod gefunden, wobei man ihren Angehörigen nur mitteilte, daß sie den „Heldentod für Führer und Vaterland" gestorben seien.

Es mag zutreffen, daß eine Minderheit der Wehrmachtsangehörigen — jedenfalls zu Beginn des Krieges — von der Richtigkeit und Gerechtigkeit der Sache Hitlers überzeugt war. Aber auch ein solcher Irrtum macht sie nicht zu Mördern. Das gilt übrigens auch für die 49 Angehörigen der ehemaligen Waffen-SS, die in Bitburg begraben sind. Die meisten von ihnen ereilte der Tod im jugendlichen Alter. Viele junge Männer waren gegen Ende des Krieges zudem ohne Befragung zur Waffen-SS eingezogen worden. Selbst wenn man aber unterstellen wollte, daß unter den 49 SS-Angehörigen, die in Bitburg begraben liegen, Mörder und Verbrecher gewesen seien, so rechtfertigt dies nicht den Schluß, daß der Besuch des Soldatenfriedhofs schändlich gewesen sei. Vergleichsweise sei darauf hingewiesen, daß in fast allen Konzentrationslagern neben der Mehrheit der aus rassischen und politischen Gründen Verfolgten noch eine Gruppe von kriminellen Schwerverbrechern inhaftiert war. Heißt es nun etwa, mit der Ehrung der Toten eines KZ die Untaten der hier ermordeten Kriminellen zu feiern?

Die Absurdität der hemmungslosen Kritiken zum Besuch des Soldatenfriedhofs in Bitburg könnte man durch viele andere Fragen unterstreichen, wie etwa:

> Stellt die Niederlegung eines Kranzes am sowjetischen Ehrenmal in Ostberlin zugleich die Verhöhnung aller

Opfer des Einmarsches der Roten Armee in Deutschland dar, das heißt der großen Zahl Gequälter und Ermordeter sowie der zahllosen geschändeten Frauen?

Oder:

Verunglimpfe ich mit einer Gedenkstunde auf dem amerikanischen Ehrenfriedhof Arlington zugleich die Toten von Hiroshima und die vielen unschuldigen Opfer des Bombenkrieges der Alliierten?

Wenn aber niemand derartige Schlüsse ziehen würde, so kann auch kaum eine sinnvolle Erklärung für die maßlosen und ungerechten Reaktionen zum Besuch in Bitburg gefunden werden. Ronald Reagan und Helmut Kohl haben diesen Besuch zweifellos in der Absicht geplant, ein Zeichen für die Aussöhnung und gewachsener Freundschaft zwischen beiden Völkern zu setzen. Ihr Verhalten entsprach den sittlichen Maßstäben und moralischen Wertvorstellungen einer jeden Kulturgemeinschaft.

Es ist historische Wahrheit, daß fast alle Mitglieder der Wehrmacht (zu der die Waffen-SS nicht gehörte) an den Massenmorden Hitlers schuldlos waren. Der typische Wehrmachtsangehörige war der völlig unpolitische deutsche Landser, der, nachdem er zwangsweise zur Wehrmacht einberufen worden war, sein Schicksal zu meistern, das heißt zu überleben suchte. Er tat das, was er für seine Pflicht halten mußte und wozu ihm keine andere Wahl blieb.

Aber auch die Offiziere der deutschen Wehrmacht waren — von wenigen Ausnahmen abgesehen — an den Untaten des Nationalsozialismus nicht beteiligt. Verwiesen sei hier auf das Buch „Das verdammte Gewissen" von Erich Mende, welcher in einer meines Erachtens sehr ehrlichen Weise die damalige Situation aus der Sicht des Frontoffiziers schildert. Der Autor hat bekanntlich an der demokratischen Entwicklung im Deutschland der Nachkriegszeit verantwortlich mitgewirkt, unter anderem als Bundesvorsitzender der FDP sowie als Vizekanzler der Bundesregierung unter dem Bundeskanzler Erhardt.

Mende schildert in seinem Buch das Verhalten von Wehrmachtsoffizieren, unter anderem seines früheren Vorgesetzten, des Obersten Dr. Bernhard Pier. Letzterer war später mein Klassenlehrer. Dr. Pier war eine absolut integere Persönlichkeit, an dessen persönlicher Lauterkeit niemand, der ihn kannte, zweifeln konnte. Wie nicht wenige andere, die dem Hitlerregime kritisch gegenüberstanden, hatte er sich gerade deswegen zur Wehrmacht gemeldet, um den Repressalien einiger ihm übel gesinnter NS-Funktionäre zu entgehen. Wer ihn in Kenntnis seiner Persönlichkeit und seines Verhaltens allein aufgrund seiner Stellung als Wehrmachtsoffizier unkritisch zu den Tätern des Nationalsozialismus zählen wollte, müßte meines Erachtens ein Ignorant sein.

Daß gerade bei den Offizieren der Wehrmacht eine zunehmend ablehnende Haltung zum Nationalsozialismus gegeben war, beweist das (mißglückte) Attentat vom 20.7.1944 gegen Hitler. Hier handelte es sich um einen umsichtig geplanten Umsturzversuch von Offizieren und Zivilisten, um das NS-Regime zu beseitigen und den Krieg zu beenden. Viele Wehrmachtsoffiziere bis zum höchsten Dienstgrad des Generalfeldmarschalls, die an diesem Putschversuch beteiligt waren, wurden nach einem brutalen und abstoßenden Schauprozeß von den Hitlerschergen grausam hingerichtet. Nach vielen Erzählungen glaube ich, daß die Mehrheit aller deutschen Wehrmachtsoffiziere gegenüber den Verschwörern des 20. Juli 1944 zumindest sehr viel Symphatie empfand.

Die Männer des 20. Juli verdienen höchste Achtung. Ihre Verschwörung hat sie zunächst in einen Gewissenskonflikt gestürzt, weil sie sich an ihren Soldateneid gegenüber Hitler gebunden fühlten. Nur unter größten Skrupeln und Bedenken war man schließlich zu dem Schluß gekommen, daß gegenüber der immer größer werdenden Zahl der Toten und Kriegsopfer der Bruch des Eides und der Anschlag auf Hitlers Leben als geringeres Übel anzusehen seien. Allen war klar, daß ein Mißlingen des Planes zum grausamen Tod der Verschwörer und vielleicht auch ihrer Angehörigen führen müsse. Umso mehr Bewunderung verdient der Mut dieser Männer des Widerstandes.

Wenn heute leichthin von gewalttätigen Chaoten und militanten Minderheiten zum „Widerstand" aufgefordert wird, und zwar gegen Gesetze, die in demokratischer und rechtsstaatlicher Weise von der Mehrheit beschlossen worden sind, so wird damit ein Begriff pervertiert, der im Zusammenhang mit dem 20. Juli 1944 eine absolut andere Bedeutung gewonnen hat.

Anfügen will ich hier, wie ich als damals 11jähriger den 20. Juli 1944 erlebt habe. Ich war zusammen mit meinem Vater und meinem älteren Bruder auf einer längeren „Versorgungsfahrt" mit dem Fahrrad unterwegs. Nachdem wir einen kleinen Unfall hatten, kehrten wir in einer dörflichen Gaststätte ein. Der Wirt, der das Parteiabzeichen der NSDAP stolz am Revers trug, überraschte uns mit den Worten: „Na, da hätten wir unseren Führer ja bald gehabt". Sodann schilderte er die Rundfunkberichte über das mißlungene Attentat. Mein Vater reagierte unvorsichtigerweise mit einem lauten „verdammt nochmal", um nach dem Verlassen der Kneipe deutlicher zu werden und festzustellen, wie furchtbar doch das Mißlingen dieses Attentats sei. Wie er auch in der Folgezeit immer wieder betonte, war er davon überzeugt, daß ein Erfolg der Verschwörer sehr viel Unheil und unzählige weitere Kriegstote verhindert hätte. — Am Tag nach dem Attentat lautete die Hauptschlagzeile in der Zeitung: „Die Vorsehung will den Sieg des Führers". War dies wegen der Steuerung der Presse durch das Propagandaministerium noch verständlich, so kannte der Ärger meines Vaters keine Grenzen, als beim Gottesdienst in der von uns besuchten Dorfkirche ein naiver Pfarrer zum Dankgebet für „die wunderbare Errettung des Führers" aufforderte. Auch jetzt gab es also noch Zeitgenossen, die mit Blindheit geschlagen schienen.

Die Offiziere des 20. Juli 1944 haben als aufrechte Widerstandskämpfer gegen Hitler leider keinerlei Unterstützung von seiten der Alliierten erhalten. Auch andere Wehrmachtsangehörige erfuhren von den Siegern eine ungerechte Behandlung. Die Kompanie, von der sich mein Vater abgesetzt hatte, wurde von ihrem Hauptmann kurz darauf kampflos den US-Truppen übergeben. Der Lohn für dieses Verhalten war nicht gerade angemessen. Die Soldaten, die des Krieges und des Hitlerregimes seit langem überdrüssig waren, gerieten in ein amerikanisches Kriegsgefangenenlager, in dem man sie ohne ausreichende Verpflegung und Versorgung vegetieren ließ. Wie viele andere starb hier auch der Vater eines meiner Freunde an Hunger und Entkräftung.

Allerdings ist dieses unmenschliche Verhalten der Sieger auf die psychologischen Auswirkungen der soeben entdeckten Konzentrationslager und ihrer Greuel zurückzuführen. Diese Folgen erlebte zum Beispiel auch mein Schwiegervater. Er ergab sich als deutscher Landser den amerikanischen Truppen in Italien und wurde zusammen mit anderen Kriegsgefangenen in ein Lager in den USA verbracht. Dort wurden sie mit Verpflegung und allem Lebensnotwendigen bestens versorgt. Erst als die Zustände in den Vernichtungslagern bekannt wurden, änderte sich das Bild. Von einem auf den anderen Tag hatte die bis dahin menschliche Behandlung der Gefangenen ein Ende. Wie ahnungslos diese ehemaligen Wehrmachtsangehörigen waren, ergibt sich aus ihrer Reaktion auf die Vorführung von Filmen über die Greuel der Konzentrationslager. Die meisten Gefangenen waren zutiefst erschüttert. Einige aber äußerten ihre Überzeugung, daß hier nur Zustände aus anderen Teilen der Welt dargestellt würden, weil sie es für ausgeschlossen hielten, daß Hitler zu derartigen Schandtaten fähig gewesen sei.

Wenn festzustellen ist, daß die weitaus meisten Wehrmachtsangehörigen an den Massenverbrechen der Nationalsozialisten nicht beteiligt waren, so bedeutet dies naturgemäß nicht, daß die Kampfhandlungen der Wehrmacht im Kriege stets human gewesen seien. Jeder Krieg stellt letztlich den grausamen und schändlichen Versuch einer Gewaltlösung von Problemen dar, die von Angehörigen zivilisierter Kulturgemeinschaften durch eine argumentative Auseinandersetzung gelöst werden sollten. Jeder Krieg ist zutiefst menschenunwürdig und umso verabscheuungswürdiger, als zumeist friedliebende Einzelpersonen von einer prestigesüchtigen Führung gezwungen werden, andere, ebenso friedliche und ihnen persönlich völlig unbekannte Menschen umzubringen. Es gibt keinen humanen Krieg, sondern nur eine abgestufte Grausamkeit der Kriegshandlungen. Je unmenschlicher eine Seite den Krieg führt, desto härter wird automatisch auch die Kriegsführung der Gegenseite. Das beweisen zum Beispiel die wechselseitigen Greuel des spanischen Bürgerkrieges (1936 -1939).

Die Kriegsführung der Wehrmacht während des zweiten Weltkrieges läßt insoweit ähnliche Rückschlüsse zu. Im sogenannten Afrikafeldzug standen sich deutsche Truppen unter Generalfeldmarschall Rommel sowie vorwiegend britische Verbände unter General Auchinleck (später General Montgomery) gegenüber. An dieser Front wurden — beiderseits — alle vermeidbaren Grausamkeiten und Unmenschlichkeiten ausgeschaltet, etwa bei der Verwundeten- und Gefangenenfürsorge.

Umso erbarmungsloser wurde an der russischen und an der jugoslawischen Front gekämpft. Hier hatten die deutschen Truppen große Verluste durch die aus dem Hinterhalt geführten Überfälle von Partisanen. Entsprechend hart war jeweils die Reaktion. Wie seinerzeit ein deutscher Landser erzählte, sei man zum Kampf besonders motiviert gewesen, wenn man zuvor einige Kameraden mit durchschnittenen Kehlen und abgetrennten Geschlechtsteilen aufgefunden habe. Die Hinrichtung von Geiseln sah man hier offenbar als eine kriegsrechtlich zulässige Notwehrmaßnahme an. An der Ermordung rassisch Verfolgter in den besetzten Gebieten war dagegen die Wehrmacht — zumindest in aller Regel — unbeteiligt.

9. Widerstand und Protest

Die heutige Generation fragt immer wieder mit vorwurfsvollem Erstaunen, warum gegen das Hitlerregime nicht mehr Widerstand geleistet und nicht heftiger protestiert worden sei. Es wäre sicherlich wünschenswert gewesen, wenn Hitler durch einen allgemeinen Aufruhr gegen sein Gewaltregime hinweggefegt worden wäre. Die Gründe, weswegen dies nicht geschah, sind vielfältig. Es ist eine allgemeine Erfahrungstatsache, daß gerade eine besonders brutale Diktatur von innen heraus, das heißt ohne Hilfe von außen, nur sehr schwer überwunden werden kann. Dafür stehen beispielhaft die kommunistischen Diktaturen der Sowjetunion, Rotchinas, Vietnams, Nordkoreas, Albaniens etc.

Wie bereits geschildert, sind hier sowohl die einseitige Meinungsmanipulation und Indoktrination als auch die gewaltsame Unterdrückung einer jeglichen Opposition von maßgeblicher Bedeutung. Gleichwohl wäre die Annahme, daß „die Deutschen" unter Hitler fast ausnahmslos zu seinen unkritischen Parteigängern gehört hätten, unrichtig und falsch. Während der gesamten Hitlerzeit (1933 - 1945) gab es eine Fülle von Protest- und Widerstandsaktionen.

Am bekanntesten ist die Widerstandsbewegung von Wehrmachtsoffizieren und Zivilisten, die nach dem mißglückten Attentat am 20. Juli 1944 benannt ist. Hierüber ist vorstehend bereits berichtet worden. Hunderte von Widerständlern sind nach dem 20. Juli 1944 vom „Volksgerichtshof" zum Tode verurteilt worden; zahllose andere sind ohne Gerichtsverfahren oder in standrechtlichen Scheinverfahren erschossen worden. Die Besonderheit der Widerstandsbewegung vom 20. Juli 1944 liegt vor allem darin, daß sie sehr lange geheimgehalten werden konnte und daher beinahe zum Erfolg geführt hätte oder zumindest hätte führen können.

Den vielen anderen Widerstands- und Protestaktionen ist gemeinsam, daß sie letztlich zur Erfolglosigkeit verurteilt waren. Das ebenso gnadenlose wie effektive Bespitzelungssystem der Nationalsozialisten führte meistens zur schnellen Aufspürung einer jeden Oppositionszelle, die dann jeweils brutal ausgemerzt wurde.

Eine Reihe von Protestaktionen hatte aber wenigstens einen Einzelerfolg, weil hierdurch bestimmte Verbrechen verhindert werden konnten. Dazu sei in erster Linie auf den oben schon erwähnten Aufruf des Bischofs von Münster gegen die Euthanasie verwiesen, der vielen geistig Behinderten das Leben gerettet hat.

Fast keinerlei Erfolg hatten dagegen alle Proteste gegen die erkennbar werdenden Schikanen an Juden sowie gegen deren Deportation (die Massenmorde waren damals noch nicht bekannt). Zu groß und zu krankhaft war der Haß führender Nationalsozialisten gegen „den Juden", als daß man sich hier von einem Rest von Vernunft oder gar Mitgefühl hätte leiten lassen. Das gilt auch, soweit der Protest von Mitgliedern der NSDAP kam.

Beispielsweise hat der von den Nationalsozialisten eingesetzte Oberbürgermeister meiner Heimatstadt Hamm nach den Ausschreitungen gegen Juden während der „Reichskristallnacht" (1938) schärfstens bei der Polizei und der HJ protestiert. Der einzige Erfolg dieser Maßnahme bestand darin, daß der Oberbürgermeister in „Ungnade" fiel. Er vertraute seinerzeit einem befreundeten Hitlergegner an, daß er für seine Person nach dem Kriegsgewinn Hitlers das Schlimmste befürchte. Nach der Niederlage Hitlers wurde er gleichwohl — ohne Gerichtsverfahren — erschossen, und zwar von amerikanischen Besatzungssoldaten.

Der Protest der holländischen Bischöfe gegen die Inhaftierung und Deportation von Juden in den Niederlanden war ebenfalls erfolglos; er führte nur zu einem noch schärferen Vorgehen der Nationalsozialisten. Verhältnismäßig geringe Wirkung hatten andere Proteste kirchlicher Kreise, unter anderem des Vatikans.

Allenfalls im kleinen Rahmen konnte jüdischen Mitbürgern geholfen werden. Dazu habe ich bereits einen Fall geschildert, wonach mehrere Mitglieder einer jüdischen Familie durch einen beherzten Nachbarn vor dem KZ bewahrt wurden. Als in meiner Heimatstadt mehrere HJ-Führer anläßlich der Reichskristallnacht auf 13- und 14jährige jüdische Kinder einschlugen, wurden sie von einer schimpfenden und murrenden Menge an diesem schändlichen und infamen Tun gehindert.

Nicht wenige Juden wurden auch von ebenso mutigen wie hilfsbereiten Deutschen verborgen gehalten oder es wurde ihnen die Flucht ermöglicht. Der bekannte, vor kurzem verstorbene Fernsehquizmaster Hans Rosenthal hat eingehend geschildert, wie er von einer Berliner Hausfrau versteckt gehalten und mit Nahrung versorgt wurde, so daß er dem Holocaust entging. Daß eine derartige Hilfe, wäre sie entdeckt worden, auch für die Helfer schwerste Strafen zur Folge gehabt hätte, bedarf keiner Erörterung.

Der mehrfach erwähnte Journalist Dr. Bernhard Birk beschreibt zum Beispiel die Schikanen der Nationalsozialisten gegenüber seiner alten Tante, die sich mit allen Kräften für seine Freilassung aus dem Konzentrationslager eingesetzt hatte und die ihm nach seiner Entlassung auch Wohnung gewährte. Dazu heißt es in den Aufzeichnungen Dr. Birks:

> „Tag für Tag fuhr ich zusammen, wenn die Klingel meiner Haustüre ging. Immer mußte ich gewärtig

sein, daß die Gestapo mich stündlich wieder holte und wieder einsperrte. Zu allem Überfluß nahm man meiner alten Tante Frau Johanna Horsky, Wien IV, ihr Geschäft im Sommer 1941 weg, da der ‚Verbrecher' Dr. Birk wieder bei ihr nach seiner Haftentlassung Wohnung genommen hatte. 1944 im Sommer hat man die alte Frau noch sechs Monate bis zum Januar 1945 eingesperrt, da sie angeblich einmal 1943 in einem Eisenbahnzug in der Nähe Wiens eine abfällige Bemerkung gemacht haben soll. Auch dagegen konnte ich mich nicht wehren. Denn nach dem 20. Juli 1944, dem Tage des Attentats von Stauffenberg auf Adolf Hitler, hat man alle meine Bekannten in Wien eingesperrt."

Vielfache einzelne Widerstandshandlungen und Proteste, zum Beispiel von seiten der Mitglieder der verbotenen Parteien, ehemaligen Gewerkschaftsangehörigen, Studenten und Geistlichen beider Konfessionen verdienen im nachhinein noch Bewunderung und Achtung; sie konnten jedoch keinen maßgeblichen Erfolg zeitigen. Der nationalsozialistische Staat war mit seinem Überwachungs- und Unterdrückungssystem so allgegenwärtig und allmächtig, daß jede kleine Gruppierung von Hitlergegnern fast immer binnen kürzester Zeit ausgeschaltet wurde.

Ich habe berichtet, welche Nachteile mein Vater wegen seiner mutigen Äußerungen und Warnungen vor dem Hitlerregime hinzunehmen hatte. Vergleichsweise sei hier das Schicksal ähnlicher Versuche, sich dem Regime zu widersetzen, aus unserer näheren Umgebung geschildert:

Ein späterer Freund unserer Familie namens Clemens Brocker war den Nationalsozialisten wegen seiner oppositionellen Haltung ebenfalls unliebsam aufgefallen. Als man ihn bei der Gestapo verhörte und dabei mißhandelte, schlug und trat er gegen seine Peiniger zurück. Daraufhin wurde er so brutal zusammengeschlagen, daß er, als er Wochen später aus der Gestapo-Haft entlassen wurde, von seiner Braut nicht wiedererkannt wurde.

Dagegen hatte unser Freund Clemens Brocker im Mai 1942 ein größeres „Erfolgserlebnis", als er nämlich zusammen mit seinem Schwager, dem gerade im Urlaub weilenden Wehrmachts-Unteroffizier Paul Stricker den Gottesdienst besuchen wollte. In der Kirche waren auch einige junge Mädchen, die wegen eines vorangegangenen Dienstes beim BDM (Bund Deutscher Mädel), dem Pendant zur männlichen Hitlerjugend, noch ihre BDM-Uniform trugen. Da ein Kirchgang in Uniform bei den Nazis verpönt war, hatte sich ein stadtbekannter SA-Obersturmführer, den man wegen seiner massigen und feisten Erscheinung den „dicken Hugo" nannte, mit einigen HJ-Angehörigen vor der Kirche „aufgebaut", um die BDM-Mädchen — zur Empörung der übrigen Kirchgänger — einzufangen und zu drangsalieren. Mir liegt dazu die Abschrift einer „Meldung" des Unteroffiziers Paul Stricker vor. Sie hat folgenden Wortlaut:

Paul Stricker, Uffz. Hamm, 11. Mai 1942
Gen. Kp. I. E. B. 42, Insterburg
z. Zt. Heimaturlaub

Herrn Standortoffizier, *Hamm, Westf.*

Meldung

Am Sonntag, dem 10. Mai 1942 gegen 21.00 Uhr befand ich mich auf der Brüderstraße in Hamm an der Agneskirche. Auf dem Kirchplatz war ein Menschen-

auflauf. Im Mittelpunkt des Gedränges sah ich Angehörige der Wehrmacht, der Hitlerjugend und Zivilpersonen. Soldaten und Frauen baten mich, dort als Unteroffizier Ordnung zu schaffen.
Als ich mich der Hauptgruppe näherte, hielt der Hitlerjugendführer W . . . ein BDM-Mädel, das sich freizumachen suchte, mit beiden Händen fest. Die Leute waren über das Verhalten des Hitlerjugendführers sehr erregt.
Um die Erregung zu beschwichtigen, bat ich den Hitlerjugendführer in ruhigem Ton: „Lassen Sie doch das Mädchen los! Benehmen Sie sich loyal!" Darauf machte der Hitlerjugendführer Anstalten, mich zu bedrängen und schrie mich an: „Sie sind ein ganz dämliches, erbärmliches, winziges Ei!" Die Beleidigung erregte mich im Augenblick so sehr, daß ich ihm einen Schlag ins Gesicht gab.
Als der Hitlerjugendführer zurückschlug, griffen anwesende Wehrmachtsangehörige mit ein. Der hinzukommende Vikar Frühauf stellte sich zwischen die Schlagenden und schlichtete den Streit. Daraufhin habe ich mich entfernt, um bei nächster Gelegenheit dem Herrn Standortoffizier von dem Vorfall Meldung zu machen.

gez. Paul Stricker, Uffz.

Wie ich von anderen Augenzeugen dieses Vorfalls weiß, hatte Paul Stricker seine Sachverhaltsschilderung natürlich etwas „geschönt". Tatsächlich hatte er voller Zorn auf den SA-„Bonzen" eingeschlagen. Daraufhin hatten etliche andere Kirchgänger, vor allem Wehrmachtsurlauber und ältere Männer, ebenfalls eingegriffen und die anwesenden HJ-Mitglieder in die Flucht geschlagen. Der „dicke Hugo" aber geriet in ein Knäuel von erbosten Bürgern, die ihm nicht nur die Brille zerschlugen, sondern auch seine Zähne arg ramponierten. Zwei Geistlichen, den Vikaren Frühauf und Hildebrandt, gelang es dann, den SA-Führer zu „befreien". Naturgemäß befürchteten sie schwerwiegende Folgen für die „Aufrührer". Kurioserweise hatten aber gerade beide Vikare, die den „dicken Hugo" vor schlimmerem bewahrt hatten, infolge anschließender Verhaftung und zermürbender Verhöre am meisten unter dem Vorfall zu leiden.

Der Unteroffizier Paul Stricker unterstand als Angehöriger der Wehrmacht deren Disziplinargewalt. Wie man bei der Wehrmacht über die Nazis dachte, geht am besten aus der Reaktion des zuständigen Offiziers hervor. Dieser machte Paul Stricker lediglich den sarkastischen Vorwurf, daß er den „Nazi-Bonzen" nur mit der Faust, statt mit dem Bajonett bearbeitet habe. Bis zum Kriegsende hielt sich in unserer Stadt das Gerücht, daß der mutige Soldat ins KZ gekommen sei. Tatsächlich ist Paul Stricker einige Zeit später an der russischen Front gefallen. Nach heutiger (teilweiser) Beurteilung müßte er als Wehrmachtsangehöriger ebenfalls zu den „Schurken" zählen, die das Hitlerregime ermöglicht haben und derer man daher am Volkstrauertag nicht gedenken dürfe. Wie ungerecht und absurd ein solches Urteil ist, liegt auf der Hand.

Ähnliche Fälle wie den vorstehenden sowie ohnmächtige Proteste und Sabotagehandlungen gab es in großer Zahl. Sie hatten meistens ebensowenig Erfolg wie sie umgekehrt die Beteiligten in Lebensgefahr brachten. Gleichwohl verdienen alle, die sich dem Hitlerregime — wenn auch erfolglos — widersetzt haben, uneingeschränkte Achtung.

10. Die Verbrechen der anderen

Während der sogenannten Bitburg-Diskussion wurden in einer Vielzahl von Leserbriefen an große deutsche Zeitungen vergleichsweise die Kriegsverbrechen anderer Staaten und Völker hervorgehoben. Allgemein wird dazu versichert, daß es unsinnig sei, die im deutschen Namen und von Deutschen verübten Untaten mit den Vergehen anderer Völker zur Aufrechnung zu bringen. In der Tat wäre es abwegig, die von Deutschen begangenen Unmenschlichkeiten im milderen Licht erscheinen zu lassen, weil von anderer Seite, teilweise aus Rachegelüsten, ebenfalls schreckliche Verbrechen begangen worden sind.

Nachdem jedoch das Verhalten der Gegner Deutschlands im zweiten Weltkrieg vielfach nur als Heldentat gefeiert worden ist, während alle Deutschen moralisch in Grund und Boden verdammt wurden, erscheint es durchaus angebracht, wenigstens in großen Zügen darzulegen, daß entsetzliche Grausamkeiten nicht nur von Deutschen begangen worden sind.

Wenn etwa mit Abscheu und Scham des Massenmordes an der unschuldigen Bevölkerung der tschechoslowakischen Stadt Lidice durch SS-Truppen gedacht werden muß, so sollte umgekehrt nicht vergessen sein, daß 1945 grausame Massaker und Racheakte von Tschechen an Deutschen verübt worden sind. In Prag wurden gegen Kriegsende nach Augenzeugenberichten die Mitglieder der Waffen-SS an Laternen gebunden, mit Benzin übergossen und bei lebendigem Leibe verbrannt. Die Schüler der deutschen Schule, der sogenannten Adolf-Hitler-Schule, wurden ohne Rücksicht auf ihr Kindesalter ausnahmslos erschossen. Viele deutsche Soldaten und Zivilisten, die verwundet oder unverwundet in die Hände der tschechischen „Widerstandskämpfer" fielen, wurden auf bestialische Weise gequält, entmannt und ermordet. Die überlebenden Deutschen in der Tschechoslowakai wurden insgesamt einer grausamen Rache ausgeliefert. Sie mußten — ähnlich wie früher die Juden den Judenstern — jetzt Armbinden mit dem Aufdruck „N" (Nemec = Deutscher) tragen.

Meine Familie nahm kurz nach dem Kriege für eine Zeitlang einen Jungen auf, welcher in einem tschechischen Internierungslager gewesen war. Wie dieser völlig entkräftete 14jährige mit leiser Stimme berichtete, wurden er und alle anderen Insassen dieses Lagers von der tschechischen Wachmannschaft immer wieder gnadenlos und unbarmherzig mißhandelt und geschlagen, und zwar nur deswegen, weil sie Deutsche waren.

Einer meiner Studienkollegen war 1945 als Kind ebenfalls in der Tschechoslowakai interniert worden. Er wurde im Lager des öfteren mit einer Peitsche geschlagen, in welche man Blechstreifen eingeflochten hatte. Dadurch waren schwerwiegende Rückenverletzungen mit entsprechenden Lähmungserscheinungen verursacht worden. Dieser Freund, der an seinen Verletzungen einige Jahre später starb, mußte von uns stets alle Treppen hochgetragen und beim Gehen und Aufrichten gestützt werden, weil er völlig hilflos war. Es handelt sich hier nur um ein Einzelschicksal von Millionen.

Ähnliche Vergehen, wie sie nach dem Kriege von Tschechoslowaken an Deutschen in Prag und anderen Orten verübt worden sind, wurden auch von Polen an Deutschen begangen. Bekannt sind ferner die zahllosen Greueltaten der siegreichen Roten Armee in Ost- und Mitteldeutschland. Erinnert sei hier an einen dem sowjetischen Dichter Ilja

Ehrenburg zugeschriebenen Aufruf an alle sowjetischen Soldaten, jede deutsche Frau zu schänden und jeden Deutschen zu töten.

Nicht zu vergessen sind die Opfer des Bombenkrieges. Ich habe selbst eine Vielzahl von Bombenangriffen der Alliierten gegen die wehrlose Zivilbevölkerung des Ruhrgebietes miterlebt. Ich sah auch, wie Tiefflieger deutsche Zivilisten mit ihren Bordkanonen jagten und töteten. Jeder Personenzug, jeder PKW oder LKW, der sich sehen ließ, wurde von den sogenannten Jabos (Jagdbomber) in Brand geschossen. Selbst der wehrlose Bauer, der auf dem Felde pflügte, wurde ohne Gnade und Barmherzigkeit mit den Bordkanonen dieser Jagdflieger beschossen und „erledigt". Daß auch die Bombardierung Dresdens mit Brandbomben und die hier betriebene Jagd auf fliehende Menschen mit Tieffliegern durch keinerlei Kriegsnotwendigkeit begründet werden kann, ist heute unumstritten. Allein hier sind mindestens 40 000 deutsche Flüchtlinge aus Rachegelüsten unbarmherzig getötet und verbrannt worden.

Auch gegenüber anderen Nationen verfuhren die Alliierten nicht immer glimpflich. So ließ der große Winston Churchill nach der Kapitulation Frankreichs im Jahre 1940 die gesamte französische Flotte mit Mann und Maus in Grund und Boden schießen. Da Frankreich als ehemaliger Verbündeter Englands aus dem Kriege ausgeschieden war, lag hier der Bruch des Völkerrechtes auf der Hand. In seinem Buch „Der zweite Weltkrieg" versucht Churchill eine Rechtfertigung mit dem Argument, man habe sich vergewissern müssen, „daß die französische Flotte nicht in unrechte Hände fiel und dann vielleicht uns und andere zugrunderichtete". Er spricht von einem „höchst widerwärtigen Beschluß", der ihm sehr schmerzlich gewesen sei, weil die Franzosen soeben noch treue Verbündete gewesen seien. Es habe hier jedoch, so Churchill „das Dasein des Staates und das Heil unserer Sache auf dem Spiel" gestanden.

Wenn vergleichsweise ein deutscher Politiker oder Offizier mit ähnlicher Begründung einen derart völkerrechtswidrigen Befehl gegeben hätte, so wäre er als Angeklagter der Nürnberger Kriegsverbrecherprozesse wohl mit Sicherheit zum Tode verurteilt worden.

Bekannt ist ferner, daß die Sowjetunion unter Stalin, nachdem sie 1939 gemeinsam mit Hitlerdeutschland in Polen eingefallen war, hier das gesamte polnische Offizierskorps — insgesamt mehr als 15 000 Mann — ermorden ließ. Bei Katyn wurden im April 1943 allein über 4 000 Leichen ehemaliger Offiziere und Militärärzte entdeckt.

Nach dem Kriegsende war das Rachebedürfnis der Sieger keineswegs gestillt. Die Sowjets richteten eigene Konzentrationslager ein, in denen zum Teil Widerstandskämpfer gegen das Naziregime mit einsaßen und zu Tode kamen. Bekannt ist, daß die Alliierten, insbesondere die Sowjets, Millionen deutscher Soldaten, statt sie wegen des Kriegsendes nach Hause zu entlassen, jahrelang einkerkerten und zur Zwangsarbeit verpflichteten. Das geschah unter Bedingungen, die mehr als die Hälfte von ihnen zu Tode kommen ließ. Selbst die US-Truppen, die im großen und ganzen — ebenso wie die englischen Besatzungstruppen — eine verhältnismäßig große Fairneß zeigten, waren im Umgang mit Deutschen nicht immer von Skrupeln geplagt. So ließ man viele tausende deutscher Kriegsgefangener in Lagern, die praktisch nur aus von Stacheldraht umzäunten Wiesen bestanden, verhungern und umkommen. Berüchtigt waren vor allem die Gefangenenlager in Remagen und Bad Kreuznach. Daneben sind Einzelmorde von amerikanischer Seite bekannt geworden. Wie schon erwähnt, wurde zum Beispiel der Oberbürgermeister meiner Heimatstadt Hamm von einigen US-Soldaten ohne Gerichtsverfahren erschossen, was unter lautem Lachen der Täter geschehen sein soll.

Auch in Frankreich, wo schon wenige Jahre nach dem zweiten Weltkrieg eine bewundernswerte Bereitschaft zur Aussöhnung mit Deutschland erkennbar wurde, sind nach dem Kriegsende die deutschen Kriegsgefangenen in menschenunwürdiger Weise behandelt worden. Viele von ihnen waren aus amerikanischer und englischer Kriegsgefangenschaft als „Arbeitskräfte für den Wiederaufbau" angefordert und deswegen hierher transportiert worden. In Frankreich verwandte man sie teilweise — zunächst ohne taugliches Gerät — bei der Minensuche. Dabei wurden tausende durch explodierende Minen zerfetzt oder schwer verwundet. Mehr als 20 000 deutsche Kriegsgefangene starben in Frankreich während der Jahre 1945 bis 1947 an Hunger und Erschöpfung. Die Überlebenden, unter ihnen zum Beispiel auch mein Schwiegervater, kamen im erbärmlichen und ausgehungerten Zustand in die Heimat zurück.

Ein besonders unrühmliches Kapitel bildet die von den Siegern beschlossene und durchgeführte Vertreibung der Deutschen aus den Ostgebieten. Nach der Beendigung des Krieges wurden vor allem die Deutschen, die in den von Polen, der Sowjetunion und der Tschechoslowakai annektierten deutschen Gebieten lebten, gewaltsam „umgesiedelt". Das geschah unter unmenschlichen Bedingungen. Jeder Deutsche durfte höchstens 20 Kilogramm Gepäck mitnehmen, wobei die Benutzung von Transportmitteln wie Pferdewagen etc. strengstens untersagt war. Neben den in den sogenannten Ostgebieten lebenden Deutschen wurden auch die in östlichen Staaten ansässigen Volksdeutschen vertrieben. Von Flucht, Vertreibung und Verschleppung wurden etwa 14 Millionen Deutsche — Männer, Frauen und Kinder — erfaßt. Wie grausam mit diesen schuldlosen Menschen umgegangen wurde, läßt sich vielleicht daran ermessen, daß bei der Flucht und Vertreibung allein 2,26 Millionen Deutsche (davon etwa 1 Million Volksdeutsche) ums Leben kamen. — Wohl gemerkt, es handelt sich hier nicht um Personen, die während der eigentlichen Kampfhandlungen getötet wurden, sondern um wehrlose Zivilisten, die — zumeist nach dem Kriegsende — der Rache der Sieger zum Opfer fielen.

Um sich die Zahl der Opfer deutlich zu machen, halte man sich vor Augen, daß das große Olympia-Stadion in München etwa 70 000 Zuschauer aufnehmen kann. Wenn man sich vorstellt, daß 20 Stadien dieser Größenordnung erforderlich wären, um die Menschen zu fassen, die bei Flucht und Vertreibung zu Tode kamen, so wird das Ausmaß dieser Tat der Sieger deutlich.

Mitleid mit Deutschen war aber damals nicht gefragt. Der auch im Westen vielfach gefeierte sowjetische Dichter Ilja Ehrenburg verkündete schon Anfang 1945 voller Stolz und Freude:

> „Wir sind in Deutschland. Die deutschen Städte brennen und ich bin glücklich darüber. Die Deutschen haben keine Seele . . .
> Es ist das Entsetzen, was die Deutschen und ihre Weiber nach Westen treibt . . .“

Man kann uns hier vielleicht entgegenhalten, daß wir den Splitter im Auge unseres Bruders, nicht aber den Balken im eigenen Auge sehen. Ohne daß hier über die Größe des Splitters oder des Balkens gestritten werden soll, erscheint es andererseits aber unerträglich, wenn das Verhalten der Siegermächte insgesamt als glorreich und das aller Deutschen global als verbrecherisch dargestellt wird.

Immerhin haben sich „die Deutschen" in der Bundesrepublik während vier Jahrzehnten seit dem Ende des Krieges nicht nur bemüht, Rechtsstaatlichkeit, Menschlichkeit und Demokratie zu schaffen sowie zu erhalten, sondern sie waren auch gewillt, die Verbrechen der Naziherrschaft zu sühnen und — wenigstens teilweise — wiedergutzumachen. Wenn dies nicht immer in angemessener Weise gelang, so sind dafür viele Gründe maßgeblich, unter anderem die Unmöglichkeit, alle Vorgänge beweiskräftig aufzuhellen.

Vergleichsweise sind die von den Alliierten an Deutschen verübten Greueltaten in keiner Weise gesühnt worden. Fast alle Siegerstaaten haben entsprechende Amnestiegesetze erlassen, so daß die Vergehen an Deutschen damit bewußt ungeahndet gelassen wurden. Die Bundesrepublik hat dagegen die für Mord geltende 30jährige Verjährungsfrist gesetzlich verlängert, um die Kriegsverbrechen der Nationalsozialisten auch nach diesem Zeitraum noch verfolgen zu können.

Es ist wohl müßig, die während der Kriegszeit und nach dem Ende des Krieges von alliierter Seite an Deutschen verübten Verbrechen im einzelnen aufzuzählen. Allerdings konnten sich die Täter dieser Vergehen darauf berufen, daß mindestens ebenso schwere Delikte von Deutschen an Menschen anderer Nationalitäten vorausgegangen waren. Daß aber der Rachegedanke eine Vergeltung an Unschuldigen nicht rechtfertigen kann, bedarf keiner Begründung.

Auffällig ist allerdings, daß im gesamten westlichen Ausland und größtenteils auch in den deutschen Medien, etwa im Fernsehen, die Schandtaten von deutscher Seite stets bis ins einzelne dargestellt worden sind, während die Verbrechen an Deutschen nur verhältnismäßig selten geschildert wurden. Das beruht einerseits darauf, daß Siegermächte sich stets als moralisch besser als die Besiegten empfinden. Ein wesentlicher Grund für diese Tatsache liegt weiterhin darin, daß viele deutsche Unmenschlichkeiten durch Fotos und Filme festgehalten worden sind, und zwar nicht nur von den Siegern nach dem Kriege, sondern teilweise auch schon von den Nationalsozialisten während der Zeit ihrer Herrschaft. Über die Grausamkeiten an Deutschen, die etwa von tschechischer und sowjetischer Seite gegen Ende des Krieges verübt worden sind, existiert dagegen nur wenig Foto- und Filmmaterial.

Wenn beispielsweise die von Tschechen an Deutschen begangenen Greueltaten nach dem Vorbild des bekannten amerikanischen Holocaustfilms dargestellt würden, so wäre vielleicht eher etwas wie Schamgefühl auch auf seiten der Siegermächte des zweiten Weltkrieges denkbar.

Zusammenfassend ist festzustellen, daß die schlimmsten Untaten vor und während des zweiten Weltkrieges von dem Aggressor, nämlich Hitlerdeutschland, verübt worden sind, daß aber auch von seiten der Sieger schwere Verbrechen an Millionen schuldloser Deutscher begangen wurden. Der erstere — unstreitige — Tatbestand wird allen Beteiligten seit 40 Jahren immer wieder bewußt gemacht, der letztere wird — vor allem in den Siegerstaaten — schlechthin ignoriert.

11. Juden und Deutsche heute

Der Nationalsozialismus hat vielen Menschen Tod und Elend gebracht. Eine Sonderstellung unter den Opfern aber nimmt das jüdische Volk ein. Das beruht vor allem auf der Geisteshaltung der führenden Nationalsozialisten, die in ihrem krankhaften Haß die Vernichtung allen jüdischen Lebens planten und teilweise vollendeten.

Die Juden von heute sind Überlebende des Holocaust. Viele von ihnen hatten Freunde und Angehörige, die in den Vernichtungslagern Hitlers gequält und gemordet worden sind. Alle sind in irgendeiner Weise mit dem Rassenwahn Hitlers konfrontiert worden.

Anders als die Siegerstaaten des zweiten Weltkrieges haben „die Juden" keine eigentliche Genugtuung erfahren. Sowjets, Polen, Tschechoslowaken, Jugoslawen, Engländer, Franzosen und Niederländer haben den Triumpf erlebt, nach anfänglichen bitteren Verlusten und Niederlagen den Aggressor schließlich zu besiegen. Sie haben durch Partisanen und Widerstandsgruppen dem faschistischen Eroberer vielfachen Schaden zugefügt, sie haben große Gebiete des ehemaligen Deutschen Reiches annektiert und oftmals grausame Rache an den Angreifern und ihrer Nation genommen.

Die Juden gingen zumeist wehrlos und widerstandslos in den Tod. Abgesehen von seltenen Ausnahmen, wie etwa dem (grausam niedergeschlagenen) Aufstand im Warschauer Ghetto gegen Ende des Krieges, setzte man sich nicht zur Wehr. Alles in allem gab es seitens der verfolgten Juden weder Widerstand noch Rache noch die Genugtuung des Sieges gegenüber den Verfolgern und Mördern.

Umso grenzenloser und tiefer mußte die Verbitterung bei den überlebenden Juden sein. — Gewiß, es fanden später Prozesse gegen Schergen des Naziregimes statt. Viele Täter, unter ihnen Verbrecher wie Eichmann und Barbie, wurden aufgespürt und abgeurteilt. Diese Verfahren konnten aber die verletzten Gefühle der überlebenden Juden nicht heilen.

Gleiches gilt von den Entschädigungsgesetzen sowie den Zahlungen, welche die Bundesrepublik Deutschland als Rechtsnachfolgerin des Deutschen Reiches geleistet hat. Dieser Versuch einer Wiedergutmachung sollte allerdings nicht gering geachtet werden.

Einerseits hat die Bundesrepublik durch verschiedene Gesetze, vor allem das Bundesentschädigungsgesetz vom 22.12.1970, den rassisch Verfolgten einen Anspruch auf Schadenersatz für das erlittene Unheil zuerkannt. Darüber hinaus wurde durch Vertrag zwischen der Bundesrepublik und Israel vom 10.9.1952 die Verpflichtung eingegangen, sowohl dem israelischen Staat als auch jüdischen Organisationen globale Entschädigungszahlungen zu leisten. Der Staat Israel hat bis 1964 allein 3,45 Milliarden DM als Wiedergutmachung erhalten. 450 Millionen DM wurden an die „Conference on Jewish Material Claims against Germany" gezahlt beziehungsweise zum Ankauf von Waren und für die Beschaffung von Dienstleistungen zur Verfügung gestellt.

Um sich eine Vorstellung von diesen Summen zu machen, sei vergleichsweise angeführt, daß Israel dafür nicht weniger als 350 000 Personenkraftwagen der Mittelklasse hätte kaufen können. Wenn man aus diesen PKW eine Reihe (Stoßstange an Stoßstange) bilden würde, so wäre diese mehr als dreifach so lang wie das gesamte Land Israel, also von der Südspitze der Wüste Negev bis zur Nordgrenze am Libanon.

Jedenfalls stellten die Wiedergutmachungszahlungen für den jungen Staat Israel eine außerordentlich wichtige, geradezu lebensnotwendige Aufbauhilfe dar. Für das Deutschland der Nachkriegszeit, welches wirtschaftlich zunächst völlig ausgeblutet war, ging es um einen fühlbaren Aderlaß. Immerhin handelte es sich hier um freiwillige Zahlungen; denn der neugegründete israelische Staat hatte insoweit keinerlei zivilrechtliche oder völkerrechtliche Ansprüche. Man sollte deswegen nicht einfach von einer materiellen, sondern auch von einer moralischen Leistung der Bundesrepublik Deutschland sprechen. Vergleichsweise hat die DDR nicht einen Pfennig an Israel oder jüdische Mitbürger gezahlt.

Die Gesamtverpflichtungen, welche die Bundesrepublik zur Wiedergutmachung des Unrechts am jüdischen Volk übernommen hat, belaufen sich auf etwas mehr als 100 Milliarden DM (100.000.000.000,— DM), wovon bis 1988 etwa 80 Milliarden DM zur Auszahlung gekommen sind.

Die Übernahme der Wiedergutmachungsleistungen erwies sich für die Bundesrepublik nicht nur wegen der hohen Zahlungsverpflichtungen, sondern auch unter politischen Aspekten als fühlbares Opfer. Es gab nämlich eine traditionelle deutsch-arabische Freundschaft, die wegen der Zahlungen an Israel erheblich belastet wurde, so daß auch unter diesem Gesichtspunkt das Bemühen Deutschlands um Wiedergutmachung zu würdigen ist.

Gleichwohl — der einzelne jüdische Mitbürger konnte hierdurch in seinem Leid nicht getröstet werden. Zu schwer war und blieb die seelische Verwundung, an der viele Juden auch heute noch leiden. Dazu seien einige Beispiele angeführt:

Meine Frau und ich lernten Anfang der 70er Jahre während eines Urlaubs in der Schweiz eine ältere Jüdin kennen, die sich als eine großartige und bewundernswerte Frau erwies. Hoch gebildet, charmant, geistreich, liebenswürdig und humorvoll genoß sie allgemeine Sympathie. Wir freundeten uns etwas mit ihr an und führten später auch noch eine herzliche Korrespondenz miteinander. Nachdem sie uns eingeladen hatte, sie an ihrem Wohnsitz in Straßburg zu besuchen, erwiderte sie auf unsere Gegeneinladung zu einem Besuch in Deutschland nur leise: „Wir waren noch nicht wieder da, aber vielleicht einmal."

Man muß sich vorstellen, daß diese weltoffene und viel gereiste Dame nur wenige Kilometer von der deutschen Grenze entfernt wohnte, es aber gleichwohl nicht übers Herz bringen konnte, den Boden ihres früheren Heimatlandes, von dem sie und ihre Angehörigen so viel Furchtbares erfahren hatten, wieder zu betreten. Ähnliche Erlebnisse mit anderen jüdischen Mitbürgern, die jeweils Anlaß zu tiefer Betroffenheit und Nachdenklichkeit sein mußten, könnten hier geschildert werden.

Man halte sich beispielhaft das Bild von Golda Meir vor Augen, jener israelischen Politikerin, die sich nicht nur durch Mut und Können, sondern auch durch eine großartige Menschlichkeit auszeichnete. Als ihr früherer Kriegsgegner und ehemaliger „Todfeind" Anwar as Sadat nach den israelisch-arabischen Kriegen im Jahre 1977 Israel besuchte, war es Goda Meir, die den ägyptischen Politiker mit entwaffnender Herzlichkeit begrüßte und ihm „als Großmutter zu Großvater" Geschenke für seine Enkel mitgab. Gegenüber Deutschen war Golda Meir dagegen zu solch einer versöhnlichen Haltung nicht in der Lage. Sie war offenbar darauf bedacht, der Bundesrepublik zumindest keinen offiziellen Besuch abzustatten.

Man hört manchmal, daß einige Juden die Schuldgefühle in Deutschland auszunutzen suchten, um materielle Vorteile für sich zu erzielen. Das mag im Einzelfall durchaus zutreffen. Ich kannte zum Beispiel eine jüdische Geschäftsfrau, die bei auftretenden Schwierigkeiten, etwa im Zusammenhang mit behördlichen Genehmigungen, jeweils die SS erwähnte und ihren Gegenüber des Antisemitismus verdächtigte. Aber auch diese jüdische Mitbürgerin war im Inneren zutiefst verletzt. In einem vertrauensvollen Gespräch erzählte sie mir voller Verbitterung, daß sie in Deutschland nur „Widerstandskämpfer" angetroffen habe, die alle einen Juden gerettet haben wollten, so daß sie sich frage, wer eigentlich die Massenmorde begangen habe.

Auch die jüngere Generation der Deutschen kann der Verstrickung der Schuld nicht entgehen. Meine Tochter war zum Beispiel insgesamt mehr als ein Jahr in verschiedenen israelischen Kibbuzim tätig, wo sie Geisteskranke betreute, in der Hitze auf den Feldern sowie nachts in der Fabrik arbeitete. Auch gegenüber ihr, die erst 15 Jahre nach dem Tode Hitlers geboren wurde, war die Haltung der Kibbuzbewohner, die teilweise aus Deutschland stammten, nicht unbefangen.

Betroffenheit mußte es in Deutschland auch auslösen, als der israelische Staatspräsident Chaim Herzog im Jahre 1987 die Bundesrepublik besuchte und hier — scheinbar unversöhnlich — erklärte, er wolle weder vergessen noch vergeben.

Man macht es sich zu einfach, wenn man die Reaktionen von Juden in aller Welt gegenüber „den Deutschen" als Versuch abqualifiziert, hier ein ständiges Schuldbewußtsein aufrechtzuerhalten, um fortwährend materielle Leistungen in Anspruch nehmen zu können. Das Grauen, das durch Deutsche über das jüdische Volk gebracht wurde, ist so unermeßlich, daß auch die heutige jüdische Generation noch an offenen seelischen Wunden leidet.

Andererseits ist es nicht unbegreiflich, wenn auf deutscher Seite manchmal das Gefühl aufkommt, daß alles Bemühen um eine Aussöhnung mit dem jüdischen Volk zwecklos sei. Konrad Adenauer, der selbst unter dem Nationalsozialismus litt, hat in Israel gegenüber der unversöhnlich und feindlich erscheinenden Haltung seiner Gastgeber mit bitteren Worten davon gesprochen, daß sein Lebenswerk zerstört werde, wenn von jüdischer Seite der gute Wille des heutigen Deutschland schlechterdings ignoriert werde.

Unverständnis hat es zum Teil hervorgerufen, daß von seiten des jüdischen Weltkongresses ungerechte Vorwürfe gegen ehemalige Wehrmachtsangehörige, wie etwa den österreichischen Bundespräsidenten Waldheim, vorgebracht wurden. Soweit bisher bekannt, besteht der nachweisbare Hauptvorwurf gegen Waldheim darin, daß er Offizier der deutschen Wehrmacht war. Daß diese Tatsache allein keinen Schuldbeweis erbringen kann, dürfte sich aus den obigen Ausführungen ergeben.

Vergleichsweise sei angemerkt, daß der langjährige israelische Regierungschef und spätere Träger des Friedensnobelpreises, Menachem Begin, einstmals Führer der Terrororganisation Irgun war, die furchtbare Greuel an arabischen Männern, Frauen und Kindern beging. Daß Menachem Begin deswegen vom jüdischen Weltkongreß moralisch verurteilt worden wäre oder von der amerikanischen Regierung ein Einreiseverbot (wie Waldheim) erhalten hätte, ist nicht bekanntgeworden.

Ungerechte Ressentiments und Animositäten jüdischer Organisationen können sicherlich nur als unbedeutender Teil eines Geschehens angesehen werden, das voraussichtlich noch auf lange Zeit das deutsch-jüdische Verhältnis belasten wird. Gleichwohl sollte man — gerade auch auf jüdischer Seite — folgendes bedenken:

Auf Dauer kann kein Volk mit der Vorstellung leben, daß es wegen einer Schuld seiner Väter das Kainsmal auf der Stirn tragen müsse und deswegen in gebeugter, schuldbewußter Haltung verharren müsse. Gegenüber solchen Erwartungen sind eher negative Reaktionen zu befürchten.

Es gibt in Deutschland heute meines Erachtens keinen bedrohlichen Antisemitismus. Das Gejohle und die gelegentlichen Gewalttätigkeiten von primitiven, unbelehrbaren Zeitgenossen, die als rechtsradikal einzustufen sind, können schon von der Zahl her bislang keine große Beunruhigung rechtfertigen. Vergleichsweise ist die Anzahl linksradikaler Gewalttäter bei uns weitaus größer. Das Unwesen von Rechtsradikalen dürfte in anderen Staaten kaum geringer sein.

Ungerechte und feindselige Reaktionen jüdischer Organisationen können jedoch auf Dauer durchaus einen gewissen Antisemitismus zur Folge haben. In Österreich haben zum Beispiel die zumindest maßlos überzogenen Beschimpfungen und Feindseligkeiten gegenüber dem demokratisch gewählten Bundespräsidenten Waldheim erheblichen Unwillen und Verärgerung über „die Juden" hervorgerufen.

Desgleichen haben die ungerechtfertigten und aggressiven Reaktionen zum Fall Bitburg gerade bei den Freunden Amerikas und Israels Betroffenheit und Verbitterung ausgelöst. Auf Dauer gesehen können ständige Angriffe und Verdächtigungen dieser Art die deutsch-jüdischen Beziehungen vergiften. Sie müssen insbesondere diejenigen Deutschen verletzen, welche die Vergangenheit niemals totschweigen und vergessen wollen und für die Zukunft ein brüderliches Miteinander wünschen.

Wenn die Mehrheit „der Juden" auch auf Dauer ein freundschaftliches Verhältnis zwischen Juden und Deutschen wegen der Schrecken der Vergangenheit nicht für möglich hält, dann ist es vielleicht besser, wenn einerseits die Beziehungen zwischen Israel und der Bundesrepublik Deutschland auf die notwendigsten Kontakte beschränkt bleiben und wenn andererseits im zwischenmenschlichen Bereich — statt gegenseitiger Zuneigung — nur eine distanzierte Respektierung gepflogen wird. Ein einseitiges Buhlen um Freundschaft von deutscher Seite, das immer wieder mit stillen oder ausdrücklichen Vorwürfen als unerwünscht zurückgewiesen wird, kann dem deutsch-jüdischen Verhältnis nur schaden. Kein Mensch, der etwas Selbstachtung hat, wird auf Dauer bereit sein, gewissermaßen als Mitglied einer minderwertigen Kaste behandelt zu werden.

Man gehe vergleichsweise von einem Einzelverbrechen aus, etwa dem Fall, daß der Sohn der Familie A. die beiden Kinder der Nachbarfamilie B. ermordet. In diesem Falle werden die Mitglieder der Familie A. nach Kenntnisnahme von dem Verbrechen entsetzt darüber sein, daß einer aus ihrer Mitte zu dieser Schandtat fähig war. Sie werden sich fragen, ob sie mitschuldig geworden sind, etwa wegen einer falschen Erziehung ihres Sohnes. Gegenüber der Familie B. werden sie zunächst eine betroffene Zurückhaltung an den Tag legen, aber auch versichern, wie sehr sie über die Tat erschüttert sind. Vielleicht werden sie, ohne dazu rechtlich verpflichtet zu sein, wenigstens den materiellen Schaden der Familie B. wiedergutzumachen suchen, und zwar ungeachtet dessen, daß dies den schweren menschlichen Verlust und die maßlose Trauer nicht mindern kann.

Wenn nun die Mitglieder der Familie B. — jedenfalls nach Jahren — die menschliche Größe aufbringen können, der Familie A. die Schandtat von deren Sohn nicht immer wieder vorzuhalten, so wird wieder ein menschliches Miteinander möglich sein. Wenn aber alle Bemühungen der Familie A. um erneute gute Nachbarschaft von der Familie B. auch nach vielen Jahren kühl zurückgewiesen werden und klar wird, daß man der Familie A. für immer das Vergehen von deren Sohn „nachtragen" wird, vielleicht sogar deren Mitschuld immer wieder betonen will, so wird ein erträgliches Verhältnis nicht mehr möglich sein. Die Familie A. wird ihrerseits verletzt sein, weil ihr guter Wille immer wieder zurückgewiesen wird. Sie wird gut daran tun, den Mitgliedern der Familie B. aus dem Wege zu gehen und sich bei unumgänglichen Begegnungen auf einen höflichen Gruß zu beschränken.

12. Sensibilität und Überreaktion

Vor wenigen Jahren ereignete sich in einer deutschen Kleinstadt ein Vorfall, der einen bundesweit beachteten Skandal auslöste. Bei einer Etatdebatte im Stadtrat bemühte sich der Bürgermeister, bestimmte kostspielige Wünsche einiger Ratsherren mit dem Hinweis auf die beengte Finanzlage zurückzuweisen. Er fügte „scherzhaft" hinzu:

> „Wenn wir das bezahlen wollen, so müssen wir erst einen Juden totschlagen."

Wenig später entschuldigte sich das Stadtoberhaupt für diese Geschmacklosigkeit, die ihm ohne Überlegung über die Lippen gekommen sei. Als der Vorfall in den Medien zur Sprache kam und die Wogen der Empörung höher schlugen, tat der Bürgermeister nochmals Abbitte für seine Entgleisung und beteuerte zerknirscht, ihm habe nichts ferner gelegen, als die Gefühle jüdischer Mitbürger zu verletzen und er könne seine unbedachte Äußerung daher nur zutiefst bedauern.

Tatsächlich war der Politiker nach seinem tadelfreien Vorleben alles andere als ein Antisemit. Seine Entschuldigungen halfen ihm jedoch nicht. Unter dem Druck der öffentlichen Meinung blieb dem Bürgermeister keine andere Wahl, als von seinem Amt zurückzutreten.

Bei näherer Betrachtung kann man unschwer feststellen, daß die beanstandete Äußerung in keinerlei Zusammenhang mit den Massenmorden der Hitlerzeit zu verstehen war. Es handelte sich hierbei vielmehr um ein Relikt aus früheren Zeiten, wenn auch kein angenehmes.

Jahrhundertelang wurden überall unfreundliche und bösartige Redewendungen über andere Nationalitäten und Glaubensgemeinschaften gebraucht. So wurden bei uns noch vor einigen Jahrzehnten die Syphilis als „Franzosenkrankheit" und die Rachitis als „englische Krankheit" bezeichnet. Umgekehrt war man auch nicht kleinlich, wenn etwa die Deutschen in Frankreich „boches" genannt wurden. In Süddeutschland sprach man früher von „Saupreußen" und in Norddeutschland von „Saubayern". Katholiken und Protestanten titulierten einander mit „Lutherböcke" und „Katholenschweine". Auch gegenüber der jüdischen Bevölkerung gab es — schon lange vor der Hitlerzeit — ähnlich gehässige Redensarten. Bei Lärm und Radau wurde zum Beispiel die Aufforderung zur Ruhe gelegentlich mit dem Zusatz bekräftigt:

> „Wir sind doch hier nicht in der Judenschule."
> (Heute sagt man: „Wir sind doch nicht im Bundestag").

Da man jüdischen Bankiers und Kaufleuten besondere Geschäftstüchtigkeit, aber auch eigensüchtige Schliche und Tricks zutraute, wurde ein geschickt verhandelnder Geschäftspartner oft als „Jude" charakterisiert. Allgemein galt früher ein Jude als in Geldgeschäften besonders erfahren und darüber hinaus als reich. Daher rührte auch der vor der Hitlerzeit durchaus geläufige „Scherz", man müsse erst „einen Juden totschlagen", wenn man seine Geldnot überwinden wolle.

Diesen geschmacklosen „Humor" hatte der betroffene Bürgermeister offenbar aus Kindheitstagen noch im Ohr, als ihm seine Äußerung entfuhr. Hätte der Unglücksrabe „scherzhaft" geäußert, man müsse erst Herrn Rockefeller oder Herrn Flick totschlagen, wenn man die gewünschten

Maßnahmen finanzieren wolle, so hätte man auch dies als geschmacklos empfunden, jedoch wäre es sicherlich nicht zu diesem Skandal gekommen.

So aber wurden infolge einer überkommenen, brutalgeschmacklosen Redewendung Assoziationen in bezug auf die Massenmorde der Hitlerzeit geweckt, was sicherlich nicht beabsichtigt war.

Der Vorfall zeigt, daß auf deutscher Seite im Hinblick auf die unselige jüngste Geschichte eine besondere Sensibilität erforderlich ist. Er läßt aber auch erkennen, daß auf unbedachte Äußerungen hin sehr leicht eine Überreaktion erfolgen kann.

Ähnliche Beispiele hat es vielfach gegeben. So erklärte vor einiger Zeit ein Bundestagsabgeordneter, nach seiner Meinung hätten jüdische Organisationen ein besonderes Geschick, wenn es um die Ausschöpfung bestimmter Finanzquellen gehe. Hätte er — zu Recht oder zu Unrecht — diesen Hinweis an „die Berliner" oder an „die Bayern" adressiert, so wäre ihm deswegen niemand ernstlich böse gewesen. So aber löste sein Wort einen Riesenskandal aus, der seinem Ruf — trotz aller Entschuldigungen — dauerhaft schadete.

Verschärfte und manchmal „überzogene" Reaktionen dieser Art sind verständlich, wenn auch nicht immer sachlich gerechtfertigt. Sie sind auch in bezug auf andere Minderheiten, die von den Nationalsozialisten gleichfalls verfolgt und gequält wurden, leicht möglich.

Beipielsweise ereignete sich in meiner Heimatstadt kürzlich folgender Fall: In einem Müllkontainer war Altpapier in Brand gesetzt worden. Es handelte sich um einen typischen „Dummerjungenstreich". Daraufhin wurden die Kinder einer Sinti-Familie von Nachbarn der Täterschaft bezichtigt — ob zu Recht oder zu Unrecht, mag dahinstehen. Der Vater der beschuldigten Kinder war hierüber zutiefst empört. In großer Aufregung beklagte er sich darüber, daß man „den Zigeunerkindern" immer alles „in die Schuhe schieben" wolle. Offensichtlich war er im innersten verletzt und ließ sich deswegen auch kaum beruhigen.

Die besondere Empfindlichkeit einer Minderheit nach vorausgegangenen Diskriminierungen und Verfolgungen kann man auch anderswo beobachten. In den USA ist zum Beispiel bekannt, daß kriminelle Delikte, insbesondere Gewalttätigkeiten, von schwarzen Jugendlichen relativ häufiger begangen werden als von weißen. Die Ursache für diesen Tatbestand ist darin zu sehen, daß infolge einer über Generationen andauernden Diskriminierung der Ausbildungsstand der Schwarzen hinter dem der Weißen zurückgeblieben ist und demzufolge die Arbeitslosenquote bei schwarzen Jugendlichen besonders hoch ist. Die sich daraus ergebende größere Anfälligkeit für Straftaten wird in den USA aber in einer übersensiblen Art weitgehend ignoriert. Wer sich zum Beispiel einen amerikanischen Fernsehkrimi ansieht, kann beinahe sicher sein, daß ein Schwarzer niemals als Täter in Betracht kommen kann. Das ist ebenso auffällig wie die Tatsache, daß in Kriminalfilmen des bundesdeutschen Fernsehens sogenannte Aussteiger allenfalls als zu Unrecht Verdächtigte in Erscheinung treten, während meistens ein etablierter Unternehmer als der wahre Schurke dekuvriert wird.

Übersensibilität und Überreaktion finden ihre Ursache nicht selten in vorausgegangenem Unrecht. Sie sind leichter zu vermeiden, wenn ein solches Unrecht nicht fahrlässig vergessen wird und wenn der besonderen Verletzbarkeit der betroffenen Gruppe hinreichend Rechnung getragen wird.

Umgekehrt sollten sich auch ehemals diskriminierte Minderheiten bewußt machen, daß nicht jede Kritik und nicht jede negative Feststellung in einer faschistoiden Denkweise begründet sein muß. Wenn etwa ein „Nichtarier" einen Prozeß verliert oder in einem behördlichen Verfahren unterliegt, so geschieht dies sicherlich nicht, weil der Betroffene Jude oder Sinti oder Türke ist.

In diesem Zusammenhang stellt sich die Frage, ob nicht das Verhältnis zwischen Deutschen und ehemals verfolgten Minderheiten „normalisiert" werden sollte. Solange hier die besondere Verwundbarkeit der betroffenen Menschen gegeben ist, sollte man den Umgang miteinander nicht als in jeder Weise normal ansehen, sondern besondere Rücksicht üben. Es ist danach völlig indiskutabel, daß überkommene Redewendungen, die eine andere Nationalität, Rasse oder Religion verunglimpfen könnten, rückhaltlos aus unserem Sprachgebrauch ausgemerzt werden müssen. Erst recht gilt dies für geschmacklose und brutale „Witze" über Juden, Türken und andere Minderheiten.

Umgekehrt sollte man denjenigen, der aus Unbedachtheit die gebotene Sensibilität hat vermissen lassen, nicht sogleich des Faschismus verdächtigen, sondern seine ernst gemeinte Entschuldigung akzeptieren.

13. Der Historikerstreit

Sensibilität und Überreaktion spielten auch bei dem sogenannten Historikerstreit in den Jahren 1986/1987 eine maßgebliche Rolle. Worum ging es bei dieser Debatte? Ausgelöst wurde der Streit durch den angesehenen deutschen Historiker Ernst Nolte. Dieser hatte schon im Jahre 1980 einen Vortrag gehalten, der gekürzt in der FAZ erschien. Unter Hinweis auf andere Greueltaten der Geschichte, vor allem den „Roten Terror" Stalins, stellte Nolte folgende drei Postulate auf:

1. Das dritte Reich sollte aus der (historischen) Isolierung herausgenommen werden.
2. Der Instrumentalisierung des Dritten Reiches sollte entgegengetreten werden; vor allem sollte die Kritik am Dritten Reich nicht mißbraucht werden, um die Bundesrepublik oder das kapitalistische System zu treffen.
3. Die Dämonisierung des Dritten Reiches kann nicht akzeptiert werden. Eine gründliche Bestandsaufnahme mit eindringlichen Vergleichen wird die Singularität des Dritten Reiches nicht beseitigen, aber sie wird es als einen Teil der Menschheitsgeschichte erscheinen lassen.

Am 6. Juni 1986 erschien in der FAZ eine weitere Veröffentlichung Noltes. Hierin hieß es unter anderem:

> „Alle Schuldvorwürfe gegen ‚die Deutschen' die von Deutschen kommen, sind unaufrichtig, da die Anklä-

ger sich selbst oder die Gruppe, die sie vertreten, nicht einbeziehen und im Grunde bloß den alten Gegnern einen entscheidenden Schlag versetzen wollen . . .
War nicht der Archipel GULag ursprünglicher als Auschwitz? War nicht der ‚Klassenmord' der Bolschewiki das logische und faktische Prius des ‚Rassenmordes' der Nationalsozialisten? . . .
Wahrheiten willentlich auszusparen, mag moralische Gründe haben, aber es verstößt gegen das Ethos der Wissenschaft."

Nachdem von anderen Historikern, unter anderem Stürmer, Oppenheimer und Hillgruber ähnliche Gedankengänge veröffentlicht worden waren, nahm der Philosophieprofessor Habermas in der „Zeit" vom 11.7.1986 hierzu scharf Stellung. Er beklagte, daß „neo-konservative Zeithistoriker" sich bemüßigt fühlten, sich einer „Spielart von Revisionismus" zu bedienen, die der „skurrilen Hintergrundphilosophie" des Philosophen Martin Heidegger entspreche. Abschließend merkte Habermas an:

> „Wer uns mit einer Floskel wie ‚Schuldbesessenheit' (Stürmer und Oppenheimer) die Schamröte über dieses Faktum austreiben will, wer die Deutschen zu einer konventionellen Form ihrer nationalen Identität zurückrufen will, zerstört die einzig verläßliche Basis unserer Bindung an den Westen."

Wenn übrigens das Werk Martin Heideggers von Habermas als „skurrile Hintergrundphilosophie" qualifiziert wird, so bedarf dies eigentlich keiner Erwiderung. Zitiert sei aber Prof. Dr. Pierre Aubenque (Paris), der in einem Leserbrief an die FAZ vom 25.1.1988 anmerkte, daß die bekanntesten französischen Philosophen des 20. Jahrhunderts, unter anderem Sartre,

„Heideggers Denken für das anregendste, seine Fragen für die eindringlichsten, seine Denkweise für die strengste, die von ihm eröffneten Denkmöglichkeiten für die am meisten zukunftsweisenden hielten."

Diese Bewertung hat nichts mit den umstrittenen politischen Äußerungen Heideggers während der Hitlerzeit zu tun.

Besonders scharf, um nicht zu sagen ausfällig, zog ein Professor für Erziehungswissenschaft namens Brumlik in der den „Grünen" nahestehenden „taz" vom 12. 7. 1986 gegen die genannten Historiker zu Felde. Er sprach vom „Niedergang deutscher Geschichtswissenschaft auf das Niveau von Landserheftchen", von „Schamlosigkeit und Zynismus". Ferner führte er aus:

„Über Kohl und Dregger hinaus soll es nun nicht mehr nur darum gehen, auch der Wehrmacht, also der Beschützer der Mörder zu gedenken, sondern auch ihr faktisches Schützen des industriellen Massenmordes ausdrücklich anzuerkennen . . .

Hillgrubers Versuch jedenfalls, die Massenvernichtung gegen die Ostfront aufzuwiegen, stellt nichts anderes dar, als das Programm Himmlers aus den letzten Kriegsmonaten."

Diese Äußerungen sprechen nach Stil und Inhalt für sich.

Nachdem die Betroffenen in Leserbriefen und Stellungnahmen gegenüber der Presse wiederum ihren jeweiligen Standpunkt bekräftigt hatten, erschien in der FAZ vom 29. 8. 1986 ein Artikel des bekannten Hitler-Biographen Joachim Fest, des Mitherausgebers der FAZ. Fest zitierte einen amerikanischen Historiker, der geäußert habe, bei Gesprächen in Deutschland über die Hitlerzeit ändere sich alsbald die Tonlage: Entweder dränge man sich in unglaubwürdiger Weise auf die Seite der Moralität oder man übe sich in „moralischer Denunziation". Fest verwies auf gewisse Gemeinsamkeiten der NS-Täter mit den Bolschewiken, unter anderem darauf, daß Lenin verlangt habe, die russische Erde von „den Hunden und Schweinen der sterbenden Bourgeoisie" zu befreien und daß Sinowjew (Lenins und Stalins Kampfgefährte) ungerührt über die Auslöschung von 10 Millionen Menschen gesprochen habe. Fest betonte aber auch, daß keine Mordtaten durch den Hinweis auf andere entschuldigt werden könnten.

Im Anschluß daran erschien wiederum eine Reihe von Leserbriefen und Artikeln in verschiedenen Zeitungen mit kontroversen Standpunkten zu den angeschnittenen Streitfragen. Im wesentlichen ging es jeweils um die Frage, ob die Verbrechen des Nationalsozialismus in jeder Hinsicht als einzigartig anzusehen seien oder ob die Geschichte durchaus vergleichbare Sachverhalte aufweise.

Kennzeichnend an diesen Publikationen war, daß oftmals der Streit personalisiert und der jeweilige Kontrahent verunglimpft wurde, etwa indem man ihn in die Nähe von Neo-Faschisten rückte. Die Tendenz der jeweiligen Veröffentlichung ließ sich nicht selten an der politischen Richtung des benutzten Presseorgans ablesen. Auch „Spiegel"-Herausgeber Rudolf Augstein schaltete sich mit seinem Blatt in die Diskussion ein, indem er unter anderem bestimmten Historikern den Stempel „konstitutioneller Nazi" aufdrückte. Zu dem Vergleich Hitlerscher und Stalinscher Massenverbrechen merkte Augstein an:

> „Aber Stalins Wahn war, anders als der Hitlers, ein realistischer Wahn."

In seinem Artikel vom 6.10.1986 bezeichnete Augstein den Diktator Hitler als „letzten großen Einzelverbrecher der Welt" und führte in diesem Zusammenhang aus:

„Was sollen wir mit dem Regime Pol Pot anfangen, das in Kambodscha fast 1/3 der Bevölkerung ausgerottet hat? Anerkannt von der UNO, müßte es in der Sicht Noltes und Hillgrubers ein nützliches Regime sein. Beweist es doch, daß die Hitler gehen, der Kommunismus aber bleibt."

Diese offenbar sarkastisch gemeinten Äußerungen lassen dem Leser die Beurteilung, ob hier Sachlichkeit oder Polemik die Feder führte, sicherlich nicht schwerfallen.

Der Streit tobte in der bundesdeutschen Öffentlichkeit weiter. Den als „Revisionisten" (ab-) qualifizierten Historikern um Nolte und Hillgruber wurde immer wieder vorgeworfen, sie bagatellisierten die Verbrechen des Dritten Reiches, während die Angegriffenen sich dagegen entschieden zur Wehr setzten und betonten, daß sie weder die NS-Verbrechen noch deren Singularität leugneten. Andere Historiker und Journalisten griffen zum Teil vermittelnd ein, zum Teil verteidigten sie den einen oder anderen Standpunkt.

Auch hierbei wurde nicht selten der historische Streit mit tagespolitischen und parteipolitischen Richtungskämpfen verquickt. Die Diskussion artete manchmal in eine regelrechte Beschimpfung des parteipolitischen Gegners aus, die kaum einen wissenschaftlichen Rang beanspruchen konnte. Das gilt auch für die Auslassungen bestimmter Hochschullehrer, etwa die des Marburger Politikwissenschaftlers Kühnl. Dieser nannte die Argumente „revisionistischer" Historiker einen „Kurs des Stahlhelmflügels", der „natürlich" von der US-Regierung unterstützt werde, dem aber „renommierte Vertreter der liberalen und der linken Intelligenz entschieden entgegengetreten" seien. Anmaßung und Einseitigkeit gingen hier also Hand in Hand.

Beachtenswert ist sodann das im Jahre 1987 herausgekommene Werk Ernst Noltes „Der europäische Bürgerkrieg 1917 bis 1945", in welchem der Historiker grundsätzliche Betrachtungen über die Geschichte des Nationalsozialismus und des Bolschewismus anstellt. Das geschieht in bezug auf die allgemeine Entwicklung beider totalitärer Ideologien und Systeme, aber auch im Hinblick auf bestimmte Ereignisse, wie etwa die Ermordung Röhms durch Hitler und die Liquidierung Kirows durch Stalin. In einer Schlußbetrachtung zum Bolschewismus und Nationalsozialismus führt Nolte unter anderem aus:

> „Aber wer nur die eine Lüge und den einen Mord moralisch verwirft und die andere Lüge und den anderen Mord mit Schweigen übergeht, handelt in prononciertem Maße unmoralisch."

14. Die Geschichte der Unmenschlichkeit

Der Historikerstreit um die Singularität der NS-Verbrechen bezog sich zumeist auf Vergleiche aus dem 20. Jahrhundert, insbesondere auf die Gegenüberstellung von Mordtaten der Kommunisten und der Nationalsozialisten.

Wer darüber hinaus — unter Ausklammerung der Hitlerzeit — die gesamte Entwicklung des Menschengeschlechtes nach Greueln und Massenverbrechen untersucht, braucht nicht lange zu forschen. Die Geschichte der Menschheit ist nicht zugleich eine Geschichte der Menschlichkeit, sondern eher eine Geschichte der Unmenschlichkeit und Grausamkeit.

In der Vorgeschichte sowie im Altertum waren Begriffe wie Humanität und Mitleid noch weitgehend unbekannt. Wer möglichst viele Feinde vernichtete, erntete regelmäßig den größten Ruhm. Das gilt auch für die großartigen, alten Kulturvölker Ägyptens, Israels, Griechenlands und Roms.

Das alte Testament rühmt zum Beispiel im „Buch der Richter" die Taten Samsons, der mit einer Eselskinnbacke einmal tausend Philister erschlagen und bei anderer Gelegenheit noch weit mehr getötet habe. Wenn ein Feldherr des Altertums nach gewonnener Schlacht die verwundeten und gefangenen Feinde nicht niedermetzeln oder versklaven ließ, so war dies eine bemerkenswerte Ausnahme von der Regel. So soll Alexander der Große nach den Siegen am Granikos (334 v. Chr.) und bei Issos (333 v. Chr.) die geschlagenen Gegner jedenfalls zum Teil begnadigt haben. Weniger großzügig verhielten sich regelmäßig die Römer, die zum Beispiel nach der endgültigen Niederlage Karthagos

(146 v. Chr.) die gegnerische Hauptstadt restlos zerstörten und sämtliche Bewohner entweder erschlugen oder in die Sklaverei entführten.

Ein ebenso unglückliches Los wie die Einwohner Karthagos hatten die Juden Jerusalems nach der Verwüstung der ehrwürdigen Stadt durch Titus, den Sohn des römischen Kaisers Vespasian zu erleiden (70 n. Chr.). Noch schlimmer wüteten in der Kaiserzeit die grausamen Despoten Caligula (37 - 41 n. Chr.) und Nero (54 - 68 n. Chr.), deren sadistische Exzesse an zahllosen unschuldigen Opfern allgemein bekannt sind.

Im „christlichen Mittelalter" war man ebenfalls nicht von allzu großen Skrupeln geplagt. Karl der Große etwa ließ 4 500 sächsische Geiseln bei Verden abschlachten und bestimmte allgemein die Todesstrafe für denjenigen, der sich nicht taufen ließ. Bekannt sind weiter die vielen Hexenverbrennungen, denen unschuldige Frauen in großer Zahl zum Opfer fielen. Wie selbstverständlich gehörte überall die Folter zur Strafgerichtsbarkeit. Demjenigen, welcher die grausigen Folterinstrumente und die qualvollen Todesstrafen des Mittelalters in alten Büchern dargestellt sieht, kann nur schaudern.

Die beginnende Neuzeit mit der Reformation und der Entdeckung neuer Kontinente ließ den Menschen nicht mitleidiger werden. Die Folter wütete (bis ins 18. Jahrhundert) weiter, unter anderem — in besonders grausamer Form — bei der Inquisition. Der spanische Großinquisitor Hernando de Valdés ließ unter der Regierung Philipps II. bei einem Autodafé in Valladolid eine Vielzahl von „Ketzern" verbrennen (1559). Bei der Eroberung neuer Kulturen in Mexiko und Peru gingen die Konquistadoren mit erbarmungsloser Härte gegen die Indios vor, die auch als Besiegte in den Gold- und Silberbergwerken erbärmlich geschunden wurden. In einer für Karl V. bestimmten Denkschrift des Dominikanermönchs Las Casas aus dem Jahre 1542 heißt es:

> „Die Indianer werden von den Spaniern zu Sklaven erniedrigt. In Metallgruben sterben tausende."

Umgekehrt waren die vielgerühmten Völker der Dritten Welt in aller Regel keineswegs humaner. Die Azteken zerstückelten ihre Feinde mit ebenso großer Wonne wie die Inkas oder viele Stämme in Afrika. Desgleichen gingen von islamischen Staaten nicht gerade nur Toleranz und Mitmenschlichkeit aus. Die Türken pflegten ihre Gefangenen in früheren Jahrhunderten zu pfählen, zu häuten oder auf sonstige Weise zu Tode zu quälen. Nach der Eroberung Nikosias (Zypern) im Jahre 1570 wurden die 20 000 Einwohner der Stadt von der türkischen Soldateska in unvorstellbarer Weise massakriert. „Was man sich nur ausdenken kann an Grausamkeit, Brutalität und Habgier, wurde an Männern, Frauen und Kindern begangen", berichtete ein Augenzeuge. Beinahe glimpflich war noch das Los von Gefangenen, die als Rudersklaven auf den Galeeren angeschmiedet wurden, weil sie die Chance der Befreiung hatten, bevor sie eines langsamen Todes starben. Nach der Seeschlacht von Lepanto (1571), in der Don Juan d' Austria die türkische Flotte besiegte, fanden zum Beispiel 12 000 christliche Galeerensklaven ihre Freiheit wieder.

Auch nach der Aufklärung gab es im „Zeitalter der Vernunft" immer wieder Massenverbrechen bis hin zum versuchten Völkermord, etwa an nordamerikanischen Indianern, australischen Aborigines und afrikanischen Buschmännern. Die französische Revolution brachte nicht nur Befreiung von Unterdrückung, sondern auch zahlreiche Massenhinrichtungen. Napoleon, der sich als Herold der Freiheit ausgab, jagte seine Grande Armée aus Geltungsbedürfnis in Tod und Elend; während des Ägyptenfeldzuges ließ er zudem tausende türkischer Kriegsgefangener füsilieren, weil sie ihm lästig waren.

Es kann nicht verwundern, daß der deutsche Dichter Friedrich Wilhelm Weber (1813 - 1894) schon vor 100 Jahren in seinem Epos „Dreizehnlinden" resignierend feststellte:

„Was sie Weltgeschichte nennen,
ist ein wüst verworrener Knäuel;
List und Trug, Gewalt und Schwäche,
Feigheit, Dummheit, Wahn und Greuel."

Und das 20. Jahrhundert? Gerade dieser Zeitraum müßte doch der Menschheit endlich die Grundsätze der Menschlichkeit nähergebracht haben. Niemals gab es in der uralten Menschheitsgeschichte einen vergleichbaren Zeitraum, der so gewaltige menschliche Errungenschaften aufzuweisen hätte wie dieses Jahrhundert.

Nachdem die Medizin jahrtausendelang eine Geschichte der Kurpfuscher und Scharlartane gewesen war, verzeichnete man jetzt atemberaubende Fortschritte und glänzende Heilerfolge durch neue Medikamente, Diagnosemöglichkeiten, Immunbehandlung, Impfungen und komplizierte Operationen. Seuchen und Krankheiten wurden so effektiv bekämpft, daß die Bevölkerungszahl der Erde von 1,5 Milliarden zu Beginn des Jahrhunderts auf über 5 Milliarden in den 80er Jahren stieg, und zwar trotz der in den letzten Jahrzehnten eingeleiteten Maßnahmen zur Geburtenbeschränkung.

Der Mensch, der um 1900 einen anderen Kontinent besuchen wollte, mußte eine wochenlange abenteuerliche Reise auf sich nehmen. Heute erreicht er innerhalb eines Tages praktisch jeden gewünschten Ort der Erde mit dem Flugzeug, das erst in diesem Jahrhundert entwickelt wurde und inzwischen tagtäglich Millionen von Menschen befördert. Im Nahverkehr brachte das Auto, das ständig von hunderten von Millionen genutzt wird, große Erleichterungen.

Kommunikation und Nachrichtenübermittlung standen gegen Ende des 19. Jahrhunderts noch in den Kinderschuhen. Heute kann fast jedermann über Fernsehsatelliten alle wichtigen Ereignisse von jedem Punkt der Erde noch am gleichen Tage in Wort und Bild übermittelt bekommen.

Die Technik der letzten 100 Jahre brachte aber nicht nur Segen, sondern auch unmenschliche Waffen und Vernichtungsmaschinerien, angefangen von Maschinengewehren und Panzerwagen über Giftgas und Raketen bis hin zu Atom- und Wasserstoffbomben. In den beiden großen Weltkriegen dieses Jahrhunderts fanden die neuen Waffen ihre Effizienz grausam bestätigt.

Unabhängig von den modernen Kriegswaffen gingen die Mächtigen noch zu einer planvolleren Bekämpfung ihrer jeweiligen „Gegner" über. So wurde zu Beginn des Jahrhunderts der Völkermord an Armeniern von der Türkei betrieben. Der Kommunismus, der von der Theorie her so menschenfreundlich und sympathisch erscheint, erwies sich in der Praxis als ein Schreckensregiment. Unter Lenin, Stalin, Mao tse Tung und Pol Pot sind nach realistischer Schätzung 50 Millionen „Klassenfeinde" liquidiert worden. In Schwarzafrika wurden — auch im 20. Jahrhundert — ungezählte Menschen bei Stammesfehden niedergemetzelt und verstümmelt.

Wenn man die gesamte Geschichte der Unmenschlichkeit nur in groben Zügen betrachtet, so ist unschwer festzustellen, daß grausame Massenverbrechen nicht ausschließlich unter Hitler begangen worden sind. Dennoch — alle Schandtaten der Weltgeschichte können die Untaten des Nationalsozialismus weder eliminieren noch verständlicher erscheinen lassen.

Man kann zusammenfassend feststellen:

1. Während der viel-tausendjährigen Menschheitsgeschichte gab es bis in die Gegenwart eine fast ununterbrochene Kette von Massenverbrechen, Greueln und Grausamkeiten, die vorwiegend von den Mächtigen und Trägern der politischen Gewalt an schuldlosen Minderheiten, an Besiegten, Schwächeren und Hilflosen begangen wurden.
2. Die Verbrechen des Nationalsozialismus können in dieser Chronik des Schreckens gesehen werden. Sie sind insoweit durchaus mit anderen Schandtaten zu vergleichen. Sie sind aber gleichwohl nach Anzahl, Motivation und Erbarmungslosigkeit ihrer Begehung dermaßen abscheulich, daß sich die menschliche Phantasie kaum schrecklichere Untaten vorstellen kann.

15. Die Überwindung des Hitlerismus

Als Hitlerismus ist, wie oben ausgeführt, die Geisteshaltung zu kennzeichnen, die einen irrationalen Haß gegen eine bestimmte Personengruppe, insbesondere gegen eine Rasse oder Nation entfaltet und die sich insoweit nicht am Verhalten der einzelnen Menschen, sondern an dem eigenen Vorurteil über diese Menschengruppe orientiert. Eine derartige Denkweise hat in der Geschichte noch nie etwas Positives bewirkt, sondern stets Leid, Ungerechtigkeit und Unglück gebracht.

Der Hitlerismus kann nur überwunden werden, wenn es gelingt, alle Vorurteile und pauschalen Schuldzuweisungen gegen menschliche Gemeinschaften abzubauen. Wer „die Juden" oder „die Deutschen" oder „die Iraner" ohne jede Differenzierung verdammt, ist vom Bazillus des Hitlerismus befallen.

Zu verurteilen sind wegen begangener Verbrechen nur die Täter, Mittäter und Gehilfen, die den Erfolg der Tat angestrebt und verwirklicht haben. Ein Schuldspruch gegen eine Gemeinschaft, welcher der oder die Täter angehörten, widerspricht allen rechtsstaatlichen und ethischen Wertvorstellungen.

Wenn etwa ein Einzeltäter eine Straftat begeht, so kann man nicht an dessen persönlich schuldlosen Familienmitgliedern und Verwandten Vergeltung üben. Das liefe auf eine „Sippenhaft" hinaus, wie sie zum Beispiel im Hitlerreich für zulässig erachtet wurde, die aber einer jeden zivilisierten Gesellschaft unwürdig ist.

Noch weniger können für eine bestimmte Tat die Einwohner einer gesamten Stadt haftbar gemacht werden. Diese Form von Hitlerismus ist in Lidice und Oradour in verabscheuungswürdiger Weise zur Ausführung gekommen — zum Entsetzen aller redlichen Menschen in der ganzen Welt.

Erst recht kann man nicht eine ganze Nation, ein Volk oder eine Rasse als schuldig brandmarken, wie Hitler und seine Schergen dies gegenüber „den Juden" taten.

Umgekehrt können auch die Verbrechen des Nationalsozialismus nicht pauschal einer bestimmten Gemeinschaft ohne Rücksicht auf persönliche Schuld angelastet werden. Es wäre verwerflich und faschistoid, wenn man an den überlebenden Familienangehörigen und Verwandten der NS-Führer Rache für deren Untaten üben würde. Goebbels hat allerdings diese Geisteshaltung auch bei seinen Gegnern vermutet und daher sowohl seine Frau als auch seine sechs minderjährigen Kinder beim Einzug der Sowjets in Berlin mit sich in den Tod (durch Vergiftung) genommen.

Noch weniger zu rechtfertigen wäre es, wenn zum Beispiel die Einwohner der Geburtsstadt Hitlers, Braunau am Inn (Österreich), oder seiner Regierungsstadt Berlin für den Völkermord an den Juden zur Verantwortung gezogen würden. Auch das entspräche einer barbarischen und menschenrechtsfeindlichen Gesinnung.

Kann man andererseits aber ein ganzes Volk, nämlich „die Deutschen" ohne Rücksicht auf ein persönliches Verschulden für die Schandtaten des Hitlerregimes verantwortlich machen? Man erlaube dazu folgenden Vergleich:

In Kambodscha führten die roten Khmer nach der kommunistischen Eroberung des Landes ein Schreckensregiment ein. Binnen kürzester Zeit ermordeten sie — zumeist auf bestialische Weise — die gesamte „Bourgeoisie", nämlich eine außerordentlich große Zahl von Männern und Frauen aus allen Bevölkerungsschichten, vor allem der sogenannten Intelligenz. — Kann man hier den Schluß ziehen, daß außer den eigentlichen Tätern auch die übrige überlebende Bevölkerung Kambodschas schuldig an diesen Morden sei? Kann eine entsprechende Schuldthese diejenigen treffen, die — obwohl weder Opfer noch Täter — das Schreckensregime eines Idi Amin in Uganda überlebt haben?

Konrad Adenauer hat einmal in Israel erklärt, daß der Nationalsozialismus mehr Deutsche als Juden gemordet habe. Wenngleich man diese Feststellung wegen der grundsätzlich unterschiedlichen Behandlung jüdischer und „arischer" Mitbürger sicherlich relativieren muß, so ist umgekehrt doch festzuhalten, daß es unter der Hitlerdiktatur nicht ausschließlich Opfer und Täter gab. Die überlebenden Deutschen aus dieser Zeit kann man in ihrer Gesamtheit ebensowenig als Verbrecher qualifizieren wie die Sowjetbürger, welche die millionenfachen Morde der Stalinzeit lebend überstanden haben.

Richtig kann doch nur sein, hier die engstirnige Denkweise des Nationalismus aufzugeben und die sittlich-moralische Beurteilung von Menschen nur nach deren persönlichem Verhalten, nicht aber nach den Untaten einer früheren Führung vorzunehmen. Der Grundsatz, daß jedes Volk die Regierung habe, die es auch verdiene, kann allenfalls für eine Demokratie gelten, nicht aber für eine Diktatur, welche weder freie Wahlen noch freie Informationen noch eine freie Meinungsäußerung gewährleistet.

Daß eine Personengruppe sich gleichwohl für die Untaten ihrer Mitglieder schämen wird, steht auf einem anderen Blatt. Jede Familie, jede Stadt und jedes Volk wird Scham empfinden, wenn einer aus ihrer Mitte ein Verbrechen begeht. Das ist ebenso naturgemäß wie umgekehrt Freude und Genugtuung empfunden werden, wenn ein Mitglied der Gesellschaft bewundernswerte und gute Taten vollbracht hat. So ist die Stadt Bonn gleichermaßen stolz auf ihren großen Sohn Ludwig van Beethoven wie Frankfurt auf Johann Wolfgang von Goethe.

Aber auch bei Gefühlen der Scham und des Stolzes sollte ein engherziges Nationalbewußtsein der Vergangenheit angehören. Soll etwa heute darum gewetteifert werden, ob „die Deutschen" oder „die Juden" oder „die Amerikaner" den größeren „Ruhm" für Albert Einstein beanspruchen können, indem sie diesen bedeutenden Wissenschaftler als einen der „ihren" vereinnahmen? Können eher „die Deutschen" oder „die Polen" stolz auf Kopernikus sein? Hat man Mendelssohn-Bartholdy in erster Linie als Deutschen oder als Juden zu feiern? „Gehört" Chopin den Franzosen oder den Polen?

Derartige Fragen erweisen sich als ebenso überflüssig wie unsinnig. Freude und Stolz über große und gute menschliche Werke kommen nicht allein denjenigen staatlichen Gemeinschaften zu, aus deren Mitte die Schöpfer dieser Werke stammen. Shakespeare und Goethe, Beethoven und Tschaikowsky, Abraham Lincoln und Mahatma Gandhi sowie Maximilian Kolbe und Anne Frank „gehören" nicht nur einem Volk, sondern der gesamten Menschheit.

Umgekehrt sind Personen der Zeitgeschichte, die aufgrund ihrer Unmenschlichkeiten und Massenverbrechen allgemeinen Abscheu verdienen, nicht nur als Angehörige ihrer jeweiligen Nation zu sehen. Wenn in der Welt von heute eine Vielzahl von Diktaturen herrscht, in denen die Freiheitsrechte unterdrückt und Menschen gefoltert werden, so muß darüber jeder Bewohner dieses Planeten nicht nur betroffen und beschämt sein, sondern sich zugleich mitverantwortlich fühlen. Entsprechendes hat für die Untaten der Vergangenheit zu gelten. Die Greueltaten der Hitlerzeit, aber auch die unter Stalin, Mao Tse Tung, Pol Pot und Idi Amin verübten Massenverbrechen sind Anlaß zur Scham nicht nur für die betroffenen Nationen, sondern für alle Völker.

Die Zugehörigkeit zur Menschheit ist ein wichtigeres und wesentlicheres Bindeglied als die zu einer staatlichen Gemeinschaft. Das muß insbesondere den Völkern Europas bewußt sein, welche nach furchtbaren Erfahrungen mit den Auswirkungen eines kurzsichtigen Nationalstolzes eine immer enger werdende Völkergemeinschaft anstreben.

Wenn von deutscher Seite die Kollektivscham der gesamten Menschheit — und nicht nur einer Nation — für die Hitlerdiktatur gefordert wird, so wird man sich möglicherweise dem Einwand aussetzen, man wolle die Verbrechen „der Deutschen" allen anderen Völkern mitanlasten und sich dadurch aus jeder nationalen Verantwortung stehlen. Richtig ist jedoch, daß die Schuld an jedem Vergehen nur die Täter trifft, während die Scham hierüber sowie die Verantwortung für die Verhinderung von Menschenrechtsverletzungen über die nationalen Grenzen hinaus erweitert werden müssen.

Nicht in Zweifel gezogen werden sollen damit die Verpflichtungen, welche der Bundesrepublik Deutschland als Rechtsnachfolgerin des deutschen Reiches obliegen und die durch entsprechende Gesetze angemessen normiert worden sind.

Gerechterweise ist aber von „den Deutschen" nicht zu erwarten, daß sie ein ständiges Schuldbewußtsein für die Sünden einer früheren Führung zeigen. Gefordert ist von Ihnen im Hinblick auf ihre jüngere Geschichte dagegen eine besondere Sensibilität zur Erhaltung des inneren und des äußeren Friedens sowie eine gesteigerte Wachsamkeit zur

Abwehr jeglicher Intoleranz gegenüber nationalen, rassischen und religiösen Minderheiten. Darüber hinaus erweist sich eine besondere Rücksichtnahme auf die noch nicht verheilten seelischen Wunden der jüdischen Mitbürger und anderer Minderheiten als unerläßlich.

Auf der anderen Seite ist es endlich an der Zeit, alle Vorwürfe und pauschalen Schuldzuweisungen auch gegenüber „den Deutschen" aufzugeben. Es widerspricht der Menschenwürde, wenn man von einzelnen oder gar von einer gesamten Nation ständige Selbstanklagen und eine schuldgebeugte Haltung verlangt. Alle Menschen und alle Nationen einschließlich der Deutschen haben das Recht, aufrecht zu gehen.

Der Autor

Dr. Franz-Josef Rinsche wurde etwa zwei Wochen vor der „Machtergreifung" der Nationalsozialisten im Januar 1933 geboren. Innerhalb eines christlich geprägten Elternhauses, das dem Hitlerregime stets ablehnend gegenüberstand, erlebte er als Kind die Zeit des zweiten Weltkrieges mit besonderer Eindringlichkeit, nicht zuletzt im Hinblick auf die seinen Angehörigen damals drohenden Gefahren.

Er studierte Rechts- und Staatswissenschaften (i. Münster u. Freiburg) und wurde 1961 Rechtsanwalt. Nachdem er bis 1965 vorwiegend als Repetitor für das zweite juristische Staatsexamen tätig war, gründete er eine Rechtsanwaltspraxis beim Oberlandesgericht in Hamm.

Neben zahlreichen Aufsätzen in juristischen Fachzeitschriften hat Dr. Rinsche mehrere rechtswissenschaftliche Bücher verfaßt. Hinzu kommen einige rechtspolitische und allgemein-politische Veröffentlichungen, insbesondere seine im Jahre 1984 erschienene Streitschrift „Nur so ist Frieden möglich", die sich mit den Thesen der Friedensbewegung und eines ihrer Mentoren, nämlich des Fernsehjournalisten Franz Alt, kritisch auseinandersetzt.

Zu dem vorliegenden Buch wurde der Autor vor allem durch die öffentliche Diskussion der letzten Jahre über eine deutsche Kollektivschuld motiviert, nicht zuletzt durch die heftigen Reaktionen des In- und Auslandes auf den Besuch des Soldatenfriedhofs in Bitburg durch den amerikanischen Präsidenten und den deutschen Bundeskanzler im Frühjahr 1985.